C'est une pièce de théâtre en trois actes que j'ai écrit l'année de ma terminale. Je l'ai retrouvé au fond d'un tiroir et en la relisant je me suis rendu compte qu'elle était pour moi pleine de bon sens. Liée à de très bons souvenirs, elle est témoin de ma jeunesse et de ma naïveté ce qui en fait donc quelque chose de précieux à mes yeux.

Je vous la livre aujourd'hui avec le désir de vous l'offrir en l'état, telle que j'ai pu la laisser le jour où j'y ai apposé le point final avec toutes les maladresses qu'elle peut contenir.

LES LICENCIEUX CALYS ET MATTHIEU

par Mathias Rosanaque

Acte I

Chez Calys

De nos jours dans la cave d'une maison de campagne en pleine nuit. Deux amis passent la soirée à boire et à discuter. La cave est grande, quarante mètres à vue d'œil, mais rien n'y est entreposé, pas même une seule bouteille de vin. Les deux hommes sont assis sur des chaises en bois, de chaque côté d'une table en face d'un petit escalier étroit qui mène de la cave à l'intérieur de la maison. Pleins de bouteilles d'alcool sont posées sur la table : bière, rhum, liqueur... Une glacière est placé sur la droite de nos amis, et une porte se trouve sur leur gauche menant quant à elle à l'extérieur de la maison. Comme vous pouvez l'imaginer, il fait un peu froid dans cette grande salle vétuste, mais nos amis un peu éméchés n'ont pas besoin de petite laine.

Matthieu

Gaïa la fille de Charles Vizir elle a trompée son mari... Je peux te dire que sa douce entreprise n'a pas duré bien longtemps, et qu'elle souffre désormais des conséquences de son infidélité dont elle a joui avec diligence. Son mari l'ayant découvert lui a coupé les vivres et lui a enlevé les terres de son hymen.

Calys

C'est terrible, mais moi je te le dis ! Elle n'avait qu'à pas jouer avec le feu !

Matthieu

Oui, elle a joué avec le feu en côtoyant Paul Géhenne et maintenant elle se retrouve avec des dettes de cœur, mais rien à donner au fisc. Son mari l'entretenait, elle vivait dans le luxe, et s'occupait comme elle pouvait, aujourd'hui elle n'a plus rien...

Calys

Si elle t'a toi... Tu es amoureux.

Matthieu

Oui, mais je me suis entendu dire : « Je veux gésir dans ton corps en vagissant comme la dernière étincelle en ton cœur. » comme « Quelle pute, mais quelle salope ! », car elle est destiné à être à la fois mon foyer et mon pire ennemi. Elle perd son temps avec des pauvres diables pantelants qui sont prêts à lui enlever le peu de lustre qu'il lui reste.

Calys

Ces pauvres diables comme tu le dis, ont la main sur ses flancs et sur son cœur, où sont donc les tiennes ?

Matthieu

Mes mains sont tout juste bonnes à récupérer le fruit de ses torts.

Calys

Ce qu'un homme amoureux peut être bête...

Matthieu

Tu sais ce que Gaïa m'a dit l'autre jour au marché ?

Calys

Non, dis toujours.

Matthieu

Elle m'a dit qu'elle souhaitait reconstruire ses rêves surannés avec les ruines de son amour propre.

Calys

Et bien dis-donc, ta gonzesse elle a des tournures de phrases bien alambiquées.

Matthieu

Je peux te dire que mes nerfs se sont esclaffés et que cela a résonné d'une commune voix de la frontière du pays, à toutes les limites de mon corps de mes orteils à ma glotte.

Calys, *en riant.*

Pourquoi tant d'agitation ?

Matthieu, *d'un ton ferme.*

Parce que je pourrais tout lui offrir à cette garce, mais elle ne voit rien. Tu sais quoi, Gaïa est une fille qui est destiné à rester un fantasme inconnu. Un orgasme et un amour qui ne portera jamais son nom.

Perdu dans ses pensées il se tait.

Enfin bref, parlons d'autre chose veux-tu ? Calys il faut que je trouve du boulot. Rends-toi compte que l'on se retrouve tous les soirs ici dans la cave de tes parents. On a vingt-cinq piges je n'ai pas envie de finir Tanguy. Je ne veux pas finir dans une bière sans avoir accompli quelque chose. Regarde nous, dans une cave à s'enquiller des bières et du pastaga... Jusqu'à l'aube ! On triche avec la vie, attends d'être sobre et je t'assure que tu te sentiras vulnérable.

> *Calys qui d'habitude à toujours le sourire se fige d'un air hébété.*

Calys

Écoute tu as raison, je me sens terriblement inutile. J'avais des rêves et des ambitions. Tu te rappelles au lycée on refaisait le monde.

Matthieu

Ce n'est pas le moment d'être nostalgique sinon on est bon pour attendre Godot.

Calys

Oui, il ne faut pas s'apitoyer sur notre sort.

Matthieu

Ce n'est pas un sort, notre situation d'imbécile est délibérée et mûrement réfléchie. Je te signale qu'à la sortie du lycée nous étions indolents et anarchistes. On pensait que les études ne nous donneraient aucune véritable certitude.

Calys

C'est vrai on se prenait pour des philosophes.

Matthieu

Secouons-nous bon Dieu ! Tiens, essayons de voir les options qui s'offrent à nous. Mais avant toute chose je refuse de faire de l'intérim.

Calys

T'es un rigolo toi. Matthieu il faut être prêt à envisager toutes les options, sinon notre situation risque d'être pérenne.

Matthieu

Pérenne à jamais... Tu as combien sur ton compte ?

Calys

Quoi ? C'est quoi cette combine ?

Matthieu

S'il te plaît, fais-moi confiance.

Calys

Cent balles, et mes parents peuvent me donner... une avance.

Matthieu

D'accord, quant à moi je n'ai pas un rond, je peux seulement compter sur mes parents.

Calys

D'accord, mais où veux-tu en venir ?

Matthieu, *se levant de sa chaise.*

Je ne sais pas, je me suis dit qu'on aurait pu créer notre entreprise, racheter le vieux bar du village. Mais notre projet n'est pas fiable du tout, la banque ne nous accordera pas de prêt. Imagine si on avait eu un peu d'argent on aurait racheté Le Couloumey, et tu aurais pu vendre ta bière artisanale. Voilà le problème dans notre société, l'argent ! Regarde comment cela ruine tout espoir pour nous, la jeunesse, la relève d'un pays qui se fait de plus en plus vieillissant. C'est la débâcle, en plus nous avons la malchance de vivre à la campagne, regarde St Sulpice, c'est désert.

Calys

C'est de la mauvaise foi ! Si on est ici c'est à cause de nous, de notre naïveté et non pas à cause de l'argent, tu l'as dit toi même. On ne serait pas dans ce trou à rat si on avait fait des efforts. Bon après tu as raison sur une chose... Dieu sait que j'aime la campagne, mais ici tous nos rêves sont avortés.

Matthieu

Oui, c'est peut-être de la mauvaise foi, mais l'argent reste quand même un fléau. L'argent c'est l'apparat, l'huile, et la missive captieuse, ou le jean, le poil et le gant. Toutes ces choses n'ont rien à voir entre elles, cela n'a aucun sens, tout cela est absurde bon Dieu !

Calys

Calme toi, je ne comprends absolument rien à ce que tu racontes. Bois, tu auras les idées plus claires.

Il remplit un verre à ras bord.

Matthieu

Laisse moi parler sans me couper Calys... Laisse-moi donner du sens à un mouton noir galeux et boiteux descendu du volcan Stromboli. Une règle : l'offre et la demande. On est d'accord qu'un mouton foutu comme celui que je t'ai dépeint il n'en cours pas les rues, et on n'en voit pas tous les jours.

8

Un temps.

Cédric, on va l'appeler Cédric.

Calys

Tu ne sais absolument pas de quoi tu parles, cesse de te prendre pour un singe savant. Il se fait tard, il est bientôt minuit je n'ai pas la patience d'écouter ta théorie d'économiste attardé, je commence à avoir mal au crâne... De plus, c'est insultant pour les Cédric vu la gueule de l'animal.

Matthieu

Rien à foutre, je ne vois pas de Cédric du bout de mon nez, ni de derrière la chevillette et la bobinette cherra de cette foutue cave... Un nom, donne lui un nom à ce mouton si cela t'importe tant.

Calys

Non, mais pour plus d'aisance va pour Cédric !

Matthieu

À la bonne heure, ce n'est pas tous les jours que monsieur se laisse aller à l'aisance !

Calys

Profite donc de l'occasion, perfide.

Matthieu

Je disais... Attends qu'est-ce que je disais ? Je disais quoi... Bordel, tu n'aurais pas pu fermer ta gueule pour une fois !

Calys

Répète pour voir ! C'est un monde ça !

Matthieu

Ah c'est bon ! C'est bon ! De ce mouton, Cédric, à la tronche qu'on aurait dit qu'elle aurait été sculpté par les roues d'un camion sur la départementale, il n'y en a pas partout, c'est d'ailleurs bien rare ! Mais figure toi qu'il en naît une bonne dizaine par an, qu'il en compte mille têtes en tout, et que les individus de la région celle du Stromboli tu t'en doutes, trouve dans ces entrailles des helminthes aux vertus thérapeutiques.

Calys

D'accord...

Un temps.

Ce sont des vertus j'imagine, que seuls les individus de ce petit hameau du nord de la Sicile peuvent trouver à cette étrange créature.

Matthieu

Et c'est là que tu te trompes ! À l'heure d'internet tout va si vite... Les vertus de ces helminthes sorties des entrailles d'un pauvre mouton sicilien ont fait le tour du monde, et sont désormais convoitées. Et qui c'est qui va vouloir s'en procurer ?

Calys

Je ne sais pas, c'est un peu dégueulasse les vers intestinaux.

Matthieu, *se mettant à tourner autour de la table.*

Parce que l'argent ça rend bête les hommes les plus riches de la planète. Le mouton noir galeux et boiteux sicilien est une espèce protégée. Vouloir se procurer leurs helminthes intestinaux est la porte ouverte au trafic, au braconnage ! Du coup, la mafia et les petits caïds sicilien vont vouloir s'en mettre pleins les poches et satisfaire la demande... Mille têtes, à la fin de l'année il en resterait à peine quatre cents et green peace dans le sillage de cet affreux carnage, avec sa pelle, sa peine et ses pleurs. Et tu sais ironie de l'histoire, quelles sont les vertus de ces vers intestinaux au final ?

Calys

Non, mais tu vas me le dire.

Matthieu

Ils sont indiqués pour les hommes présentant des troubles de l'érection. Tu imagines, deux cents cinquante euros le gramme d'helminthe. Un massacre pour que la gaule du plus riche puisse être assurée. Bien que cette érection retrouvée est purement hypothétique, car non prouvée scientifiquement. Cette vigueur phallique est donc aussi certaine que l'équilibre précaire d'un zouave sur un fil de soie.

Il se met à mimer la scène en regardant son ami, qui se tient à table les bras croisés.

Calys, *las.*

Tu te rends compte grand génie, que tu viens d'imaginer l'histoire d'un mouton noir, galeux, boiteux et helminthique sicilien de toute pièce pour essayer de me montrer de manière objective, la dangerosité de l'argent dans ce bas monde. C'était absurde et navrant. Es-tu devenu fou ? Je crois que tu devrais arrêter de boire ce soir... De plus, pour en revenir à ton histoire je pense que tu ne cracherais pas sur deux cents cinquante euros le gamme d'helminthe. Tu serais l'un des premiers sur les terres siciliennes avec un baluchon et une carabine 9mm.

Matthieu, *agité.*

Mais tu ne vois pas que l'argent nous rend fou, elle nous mène à la ruine, les plus pauvres portent les stigmates de ses attraits oniriques. L'ouvrier exsangue, se croyant libre, épuisé, se réconforte avec un ticket de loterie greffé à la main. Sa voiture n'est pas vermeille, ni rutilante, elle cale et a du mal à démarrer. Le frigo est vide à la fin du mois, mais le cœur de ses enfants et de sa femme, reste quant à lui plein d'amour et de fierté. Mais l'ouvrier néglige son bonheur pour les espérances. Les espérances d'une vie superficielle, de pansements sans panser, car tout ce qu'il aurait pu rêver de mieux, il l'a déjà, sa famille.

Calys

Et bien voilà, tu peux être intelligent quand tu veux ! Tu as raison c'est une perte exécrable de valeurs. Les valeurs financières ne cessent de croître, mais les valeurs tacites, les vraies valeurs et les plus belles sont friables comme le limon.

Matthieu

Mais ce ne sont pas deux péquenauds comme nous qui vont changer les choses, on est même pas capable d'énoncer nos vraies valeurs et de les revendiquer. Je brode et j'argumente avec un stéréotype, le bon petit ouvrier. Mais tout ça c'est vrai, tout ça c'est vrai ! Et ce n'est pas le gérant du bar tabac du coin qui va démentir, ni en faire la lésine de ces noms : ouvrier, ménagère, ou tout autre métier prolétaire. Ah ça joue, ça joue au PMU, l'avenir se joue sur le bon cheval, le sulky roule sur les économies et le cheval plaque de ses sabots sur le turf, les payes de ces braillards qui sentent le tabac froid et le café. C'est limite s'ils voudraient pas se la jouer jockey en se foutant à cheval, et en fouettant la pauvre bête à qui mieux mieux. C'est limite s'ils se mettraient pas à chuchoter aux oreilles de la pouliche : « J'ai claqué les cinquante euros qui restaient sur mon compte pour que tu te mettes au galop, je t'en prie, vas-y. ». Le résultat est incertain, les impôts restent quant à eux certains. On dit au revoir aux espérances jusqu'à demain et on dit bonjour au boulot de subsistance. On se lève à cinq heures sans réel envie, pour un salaire qui va se prendre une claque le trente du mois et ce sera des pâtes du quinze au trente, et rebelote, et rebelote.

Calys

L'argent ne crée que la discorde ! Putain, j'ai l'impression de parler comme un prédicateur de l'apocalypse. L'argent est délétère, corrompt les cœurs et les esprits. De la spéculation et de la faillite, de la ruine et de la banqueroute, Satan s'en épanouit la rate.

Matthieu

Attends un peu...

Calys, *levant les bras au ciel.*

Ô Dieu invoque le déluge et que le monde soit sans refuge !

Matthieu

J'ai une idée ! Eurêka ! Bon, rien qui nous fasse sortir de la merde, du chômage et du surendettement, mais juste une idée solidaire et humaniste...

Regardant son ami faisant le pitre.

Bon le grand gourou tu m'écoutes, cesse de gesticuler et de gueuler comme un ivrogne.

Calys

Je suis un ivrogne.

Matthieu

Oui, tu n'as pas tort.

Calys

Et tu l'es aussi !

Matthieu

Oui, mais je reste un ivrogne éclairé. Écoute ça.

Calys

Avant bois un coup.

Il remplit un autre verre à ras bord, qu'il place à côté de l'autre.

Matthieu

Merci mon frère.

Il boit cul-sec les deux verres avant de continuer. Calys s'en sert deux, qu'il boit également.

Bon voilà je ne suis pas communiste, mais je reste acquis à certaines idées. Bon, pas jusqu'à la nationalisation des biens de production, ni jusqu'à la dictature du prolétariat, mais j'ai une idée simple, qui profite à tous sans nous compter un rond.

Calys

À tous, genre nous deux ?

Matthieu

Pas que nous, toutes les personnes habitant à St Sulpice.

Calys, *riant.*

Le messie est donc venu sur Terre.

Matthieu

La ferme Calys ! La ferme ! Le troc ! Le troc ! Voilà un concept que l'on doit remettre au goût du jour. Les jardins partagés également ! Revenons à des valeurs familiales, simples de partage. Je ne veux plus de ce monde capitaliste et individualiste.

Calys

Matthieu, tu es sur la voie de la marginalisation.

Encadrant Matthieu avec ses doigts.

De mon point de vue, attends bouge pas, il manque plus qu'un chien, de l'herbe, une calvitie et des dreadlocks faite avec la queue de rat qui finira de te servir de cheveux.

Matthieu

Bordel ce que tu es mauvaise langue.

Calys

Tout ça c'est bien beau, tu cherches à déterrer une utopie de derrière le compost, mais cela ne marchera jamais.

Matthieu

Que l'on fasse quelque chose de notre vie bon Dieu ! Et pourquoi cela ne marcherait donc pas ?

Calys

Parce que les gens sont égoïstes. Ils n'en ont pas les moyens, mais ils voudraient te payer pour que tu leur torches le cul avec un coton tige. Tu leur donnes ta confiance et ils se mouchent dans tes rideaux.

Se sert un verre, le lève, et le boit.

Mais bon, j'ai toujours eu le goût pour les choses qui sont vouées à se casser la gueule, alors je marche. Que fait-on ?

Matthieu

Tu es d'un cynisme, c'est terrifiant. Tu marches, c'est vrai ?

Calys

Oui, mais ne me fait pas répéter deux fois la même chose.

Matthieu

Et bien, je suppose que l'on doit créer notre association ou une coopérative. Ensuite, aller à la rencontre de l'habitant et des producteurs locaux. À vrai dire, je n'en sais rien...

Calys

Je ne suis pas très doué pour la paperasse, mais quels assistés nous sommes dis-donc.

Matthieu, *se levant.*

Je ne te le fais pas dire mon gaillard. Peux-tu me passer une clope et me servir un verre de punch, j'ai laissé le saladier dans la glacière.

Calys

Tout de suite.

Il ouvre la glacière et plonge un verre sans regarder. Il sort sa main ruisselante, pose le verre sur la table et secoue vigoureusement sa main pour la faire sécher. Puis fait glisser le paquet de cigarette à l'autre bout de la table.

Matthieu, *se saisit du verre, et prend une cigarette.*

Merci.

Calys, *se prend également une cigarette, et l'allume.*

Choisissons un nom, veux-tu ? On s'emmerdera avec la paperasse plus tard, j'ai besoin d'horizon, un nom c'est un horizon, comme le dessein insaisissable de voler un baiser à une passante dont seul le parfum nous enivre... C'est symptomatique.

Matthieu

Passe moi le feu et je t'en donnerais de l'horizon. Bon déjà, soyons lucide !

Calys

Oui, il le faut !

Matthieu

Il faut un nom qui siffle, un nom qui donne aux plus impotents le talent de se mouvoir et non pas de se languir. Un nom neuf qui nous inspire, nous les petits cons de la dernière averse. Un nom qui fasse remonter dans nos petits membres fébriles et atrophiés par la paresse, un peu de vigueur. Un nom, que dis-je ? Un cri de ralliement, de soulagement contre le néant fédéré de nos vies. Un cri noble, qui sera le seul médiateur de nos pulsions. Un nom, un cri, qui construise sa gloire dans l'espace de notre langage.

Calys

C'est beau, c'est fort... Même un peu trop pour un projet qui n'est qu'une ébauche de ton esprit, mais je respecte ton enthousiasme.

Matthieu

Écoute, écoute bien mon brave !

Calys

Oui, oui, j'écoute. Tu m'épuises tu sais.

Matthieu, *exultant.*

Je veux chanter ! Je veux écrire des chansons sur le monde idéal que j'imagine, un monde rêvé, qui est seul dans le gynécée de mes pensées. Et je veux que les gens vivent sur ces chansons. Qu'ils baisent avec fougue, ou qu'ils fassent l'amour. Chantent, dansent, que leur joie me fasse la cour. Qu'ils rêvent, et que leur cœur batte à l'unisson. Et de l'addition de ces courts moments de vie : ces gros bisous, claques, caresses et manies, de sueur et larmes vagira mon salut.

Un temps.

Calys

J'ai la vessie pleine ! Pissons, les moments de bonheur sont si éphémères, la vie nous les rationne au prix des années, mais deux ivrognes en ont bien rien à faire de ces histoires ! Et tu as raison Matthieu, chantons !

Ils sortent, avant de revenir peu de temps après en remontant leur braguette.

Matthieu

C'est affreux, il y a toujours des mouches dans cette cave. Je déteste les mouches... Au village, on peut apercevoir par les fenêtres, des mouches accompagnées du bruit intempestif de leurs battements d'ailes, se cogner contre les vitres, cherchant inlassablement une sortie. On peut aussi entrevoir des mouches à merde dans les cuisines s'inviter à table, se baladant sur les restes de gigot de la veille. Ou encore, des mouches virevoltantes autour du lustre des salons qui y défèquent allégrement. Le pire, ce sont celles qui ont le toupet de coïter sur les murs. Il y aussi celles qui te baisent les jambes et les bras, jusqu'à ce que tu en aies ma claque de cette passion dévorante.

Matthieu s'assoit.

Sur ce j'ai faim, tu n'aurais pas un truc à manger ?

Calys, *prend la glacière sur ces genoux.*

Bien sûr, que veux-tu ? Saucisson, jambon, fromage ?

Matthieu

Du saucisson s'il te plaît, tu n'aurais pas du pain ?

Calys

Dis-donc monsieur est exigeant ! Tu as de la chance, j'ai ça !

Matthieu

Pardonne-moi, mais le saucisson se mange toujours avec du pain.

Calys

Je vois que monsieur est attaché aux traditions, au terroir.

Matthieu

Aux traditions oui ! Mais vouloir du pain avec son saucisson ne relève pas de la culture, seulement du goût. Et je suis également très attaché aux terroirs. Un bon steak se mange et se marie bien avec des patates, du vin rouge.

Calys

Oui, mais tu ne fais que reproduire ce que ta famille t'a enseigné, ce que ton grand père t'a enseigné. Apprécies-tu vraiment cela ? Pourquoi ne pas céder à l'extravagance ? Pourquoi ne pas vouloir briser les conventions ? Parce que tout ça relève un peu du communautarisme, qui ne mange pas des patates et du vin rouge avec son steak n'est pas français. Garde l'esprit ouvert, l'esprit critique.

Un temps.

Matthieu

Calys, tu vas bien ?

Calys

Oui, je dis seulement qu'il faut au moins un jour tout remettre en question, avoir des doutes sur tout ce qui nous entoure.

Matthieu

Es-tu complotiste ?

Calys, *trifouillant dans la glacière.*

Non, loin de moi cette idée.

Matthieu

Bon après je suis d'accord avec toi, certaines traditions n'ont été que le décret d'un roi. Imposées à tous, négligeant le goût et les aspirations de chacun. C'est à se demander si elles sont réellement des traditions...

Calys, *toujours le nez dans sa glacière.*

Moi je vais te dire, une vraie tradition naît du peuple. De la générosité et de la convivialité. Elle est insolente face au temps... Créée par nos aïeux par hasard, ou pour le réconfort après une dure journée de labeur, ou même résultant d'une vieille habitude de berger. Pour moi une tradition, c'est une célébration, un vif battement de cœur dans lequel s'enferme à jamais les mœurs d'une patrie.

Matthieu

Mon pauvre Calys, tu es complètement bipolaire ou bien ? D'une minute à une autre tu m'incombes un procès pour mon attachement aux traditions de ce foutu pays, pour ensuite m'en faire l'apologie.

Calys, *il se saisit d'un saucisson et en coupe quelques rondelles.*

Pour me dire ça, tu n'as rien compris à ce que je viens de te dire. Tu es excessif et susceptible en aucun cas je t'en ai fait le procès. Je t'ai dit qu'il fallait douter de tout, et plus particulièrement de ce qui nous paraissait normal. Une fois n'est pas coutume, sache que tu te trompes Matthieu tout cela relève de la culture et non du goût.

Matthieu

Tout cela est effrayant, je n'arrive pas à savoir si tes dires sont le fruit de ton intelligence ou celui de ton incroyable lucidité de suppôt de Bacchus. C'est troublant.

Calys

Non, c'est vexant. Es-tu méprisant envers les autres cultures Matthieu ?

Il pose la glacière et se lève.

Tiens au passage passe moi une clope !

Matthieu

Tu devrais arrêter ces conneries... Et non, je ne suis pas méprisant envers les autres cultures, pourquoi cette question ?

Calys

Pour ta gouverne, je fume toujours après avoir mangé pour garder un rapport bonheur, péril égal. Et puis, je te signale que c'est toi qui en a fumé le plus ce soir, mais je vais cesser d'être alerte, car monsieur et au-dessus de cela, monsieur est sage, monsieur voit la vie au travers du prisme auguste de son apathique vécu de douairière. En ce qui concerne ton rejet des autres cultures, je suis déçu, je te croyais tolérant. Que dirait le peuple Amish ?

Il se saisit lui-même du paquet de cigarettes.

Matthieu

Que viennent faire les Amish dans la conversation d'un couple d'amis ivres morts de St Sulpice.

Calys, *allumant sa cigarette.*

C'est grand le Texas, et un état ne se limite pas à ses frontières, il faut compter la myriade de cœurs qui en complètent et définissent les limites. Je suis texan de cœur et je refuse ton air condescendant.

Matthieu

Je ne manifeste aucune fatuité, et pour ta gouverne, les Amish, la communauté religieuse anabaptiste fondée en 1693 en Alsace par Jacob Amman, n'est pas seulement présente au Texas, mais dans 31 états des États-Unis.

Calys

Tu n'étais pas fat jusqu'à présent, mais le ton que tu viens d'employer à l'instant était dédaigneux.

Matthieu

Une bière, veux-tu ? Allez, on va pas se faire la gueule pour des balivernes ; la culture c'est bien beau, mais moi ce soir je souhaite seulement cultiver mon état d'ébriété.

Calys

Fi, que tu es mauvais ! Bon d'accord, file-moi une bière blanche. Tu sais convaincre toi, tu as les arguments !

Matthieu, *décapsule deux bières.*

J'ai ça dans le sang. Voilà ta bière, la mousse au bord.

Calys

Ces bières sont des cercueils et nous nous invitons à la mort. Moi j'appelle ça un savant pied de nez. La mort est plus douce quand elle est donnée par un ami épicurien. Attends, j'ai un autre aphorisme : La mort me restera inconnue, je ne connaîtrais donc que le nom de mon assassin, Matthieu.

Matthieu, *riant.*

Nous sommes philosophes ce soir ! Nous disons des choses absurdes pour le commun des mortels, mais qui soignent nos esprits.

Calys

Allez trinquons, à quoi trinquons-nous ?

Matthieu

À ton bar improvisé dans cette cave, et tout ce que nous pouvons dire d'idiot ici qui nous mène peu à peu à la sagesse.

Calys

À ta santé ! Toi l'excitateur de mes vices et de mes addictions.

> *Ils boivent. Puis, Matthieu mange une rondelle de saucisson.*

Matthieu

En tout cas, ton saucisson est délicieux, où l'as-tu acheté ?

Calys

Au marché.

Matthieu

Au producteur qui tient son stand en face de la parapharmacie, entre le vendeur de contrefaçon et le vendeur de bijoux artisanaux.

Calys

Tout à fait.

Matthieu

J'irais jeter un coup d'œil la prochaine fois.

Calys

Tu peux, en plus ce n'est pas trop cher.

Matthieu

Raison de plus !

Calys

Une clope ?

Matthieu

Non, merci.

Calys

Tant pis pour toi, moi j'en prends une.

Il prend une cigarette, l'échange contre celle qu'il fume déjà, et l'allume.

Matthieu

Tiens canaille, dresse moi la liste de tes vices, de tes pêchés.

Calys

C'est bien simple, l'alcool, le sexe, la drogue et la bonne bouffe, et toi ?

Matthieu

Quant à moi c'est encore plus simple, l'alcool, le sexe, la drogue et la bonne bouffe, mais je suis plus accro au sexe qu'à autre chose, je suis un jeune satyriasis.

Calys

T'as arrêté le porno ?

Matthieu

Tu rigoles, c'est la chose dont j'ai le plus de mal à me défaire. Tiens, tu me parlais de culture et bien je peux te citer bon nombre d'actrices pornos, là où j'ai du mal à situer le Mozambique sur une carte.

Calys

C'est la décadence de la jeunesse. Je te comprends, cela me démange aussi très souvent. Bon, pas jusqu'à l'onanisme furieux !

Matthieu

En plus de cela, j'aime beaucoup admirer le corps féminin, qu'il soit nu ou habillé.

Calys

Je comprends également.

Matthieu

Sincèrement, penses-tu que cela est mal, punissable ?

Calys

Du moment que tu ne te prends pas de soufflet, non. Je t'assure que si tu prenais une claque, tu comprendrais sur l'instant que ce n'est pas un baiser de nourrice et qu'il serait bon de te remettre en question.

Matthieu

Non, mais tu sais, avec toutes ces affaires de harcèlements sexuels, je culpabilise. Ces articles agissent dans mon esprit comme de véhéments reproches.

Calys

Tu n'es pas un pervers ?

Matthieu

Non, loin de là !

Calys

Tu sais, je pense qu'il y a du machisme en chaque homme. Cela est loin d'être grave, ça reste charmant et flatteur. Ce n'est pas foncièrement méchant.

Matthieu, *se levant brusquement.*

Excuse-moi Calys, je m'offusque ! Le machisme n'est pas charmant. Tu essayes de rendre légitime ce qui ne l'est pas. En disant cela, tu cultives les dogmes et l'obscurantisme patriarcal. Tu confortes ceux qui traînent leur impotence comme un faix ; qui se grattent les couilles à s'en arracher entre la sueur et les poils, le peu de respect qu'ils ont encore pour eux-mêmes.

Calys

Dis-donc nos esprits sont fertiles ce soir, s'en est un véritable bouillon de culture à la saveur instable, tantôt âcre et crue, tantôt acide et absurde. Écoute, je n'ai fait que mon devoir, rendre légitime l'acte douteux et honteux d'un bon ami. Dieu est miséricordieux tu sais.

Matthieu

Je ne suis pas un macho Calys, tu le sais bien ! Et sache que je suis athée. En tout cas, si jamais Dieu existe, il a me semble t-il plus la mesure de ce qui est humain, que nous qui sommes censés l'être. Je suis désolé, mais mater n'est pas un acte indécent, je le pense à présent ! Si celui-ci reste en dessous de l'importune on ne peut pas le qualifier de machiste.

Calys sourit et tape sur la table.

Calys

Vois-tu, je t'ai mené vers la vérité. J'ai titillé tes nerfs en utilisant seulement la rhétorique, je suis l'accoucheur de tes pensées enfouies.

Matthieu

Charlatant ! Nous sommes tous les deux ignorants, cette beuverie est comme le gosse non désiré de la maïeutique. On s'improvise philosophe en élaborant de maladroites interventions, mais tout cela c'est de la poudre aux yeux. On ne réfléchit pas, on se sollicite ! Nous essayons d'avoir de l'esprit, mais n'a de l'esprit que le porc qui naîtra de notre foie. Ah ça, il pourra faire de l'esprit sur notre vie misérable ! Nous sommes à la philosophie ce qu'un prêtre est à la branlette.

Calys

Puis-je émettre des réserves sur ta dernière phrase ? Je crains que ton effet dialectique ne soit pas celui escompté, car il peut-être perçu comme contradictoire. Je dis ça, je dis rien, tout dépend du point de vue. Tu aurais pu aller plus loin, nous sommes à la philosophie ce qu'un prêtre est à la pédophilie.

Matthieu

Ce que tu es insolent et mauvaise langue.

Calys

Ça va, on peut bien faire un brin d'humour noir.

Matthieu s'assoit calmement et sourit.

Matthieu

Calys fait attention à tes fesses, j'ai la possibilité de te faire chanter. Je connais des choses que ta bien aimée ne souhaiterait sûrement pas entendre.

Calys

Nous avons établi un accord de confidentialité dans cette cave, je te prie de ne point manquer à tes engagements ! Mais ta malhonnêteté me rappelle soudainement un stratagème que j'ai savamment fomenté.

Un temps.

Il y a quelques temps, il me fallait payer crédits, créances ; bref, j'étais dans la dèche comme d'habitude. J'ai donc soutiré de l'argent à Georges Kraün, le vieil homme d'origine allemande du village d'à côté en lui faisant croire que j'allais divulguer au fisc ses petites combines de politicien véreux. En vérité, j'en ai strictement rien à foutre de cet hurluberlu ; qui rêve d'ouvrir une entreprise de cosmétique haut de gamme pour les riches entrepreneurs pékinois.

Matthieu

Ne t'inquiètes pas, je ne manquerais pas à mes engagements, je suis un homme d'honneur Calys. Mais continue ton histoire, comment as-tu eu vent de ses desseins ? Quelles sont ces combines dont tu fais allusion ?

Calys

Attends que je t'explique, je me le suis coltiné pendant un mois. Je suis venu pour une fuite d'eau, je suis reparti avec dix-mille euros et le clitoris de sa femme entre les doigts. La matrone n'était pas prévue à l'affaire et je ne suis pas très attiré par les couguars, mais cela ne m'a pas empêché de la baiser dans la buanderie. Elle était lasse de son pisse-vinaigre, je lui ai changé les idées.

Matthieu

Attends un peu, tu t'es improvisé plombier ? Dans quelles sombres affaires traîne ce vieux fou de Georges Kraün ? Laisse-moi te dire que tu as le goût du travail bien fait pour t'occuper également de la grand-mère !

Calys

Oui, j'ai mis une petite annonce chez l'épicier, à l'entrée de l'église et chez le boucher, ça a payé. À l'origine, je devais seulement réparé la tuyauterie de la buanderie, mais après avoir fini mon ouvrage, j'ai discuté avec Kraün de ma passion pour les timbres et les pièces de monnaie. Il m'a donc proposé un verre, et m'a également proposé de venir régulièrement prendre l'apéro le soir à la fraîche dans sa véranda.
On est devenu ami, Kraün me raccompagnait à chaque fois à ma bagnole, et me faisait de grands saluts sur le perron de sa demeure. Il était toujours minuit passé quand je sortais de son domaine, et je voyais toujours étrangement flou.

Matthieu

Promets-moi de ne plus conduire en état d'ébriété, je tiens à toi vieille canaille ! En tout cas c'est curieux, mais de prime abord ton amitié avec monsieur Kraün ne semblait pas intéressée.

Calys

Tu me prends pour un connard, bien sûr que mon amitié n'était pas intéressée à sa genèse. En ce qui concerne la conduite en état d'ébriété, je te promets d'arrêter.

Matthieu

Les intérêts, quand sont-ils arrivés ? Qu'est-ce qui a fertilisé ton cerveau de plans machiavéliques ?

Calys

J'y viens, j'y viens. Tu sais, l'alcool accomplit des choses prodigieuses. Un homme peut avouer tout ses secrets. Lors de l'un de mes apéros avec Kraün, il m'a raconté par mégarde qu'il avait falsifié le testament olographe de son père pour être le seul héritier de sa fortune.

Matthieu

Mais c'est qu'il est malin Georges !

Calys

Ce n'est pas tout, il m'a également avoué par malheur qu'il sous estimait ses déclarations de patrimoine, qu'il détournait des fonds publics grâce à des surfacturations de travaux, et de multiples faux, usages de faux. À ce moment là, et seulement à ce moment là, j'ai su qu'il y avait un coup à jouer.

Matthieu

Continue mon petit Calys, continue, tu m'épates !

Calys

Il me fallait donc des preuves pour le faire chanter. Ce fut simple ! J'ai eu le temps et tout le loisir dans les bras de sa femme, de remarquer dans la buanderie entre les gémissements et les coups de reins, que monsieur Kraün gardait des post-it sur lesquels il faisait état de ses comptes dans les poches de ses pantalons en velours sales.

Il s'arrête un instant, et ricane.

Je lui ai donc demandé tout guilleret, dix-mille euros pour acheter mon silence. Attends je suis un contribuable, j'ai bien le droit de demander ma part. Le mois d'après, j'avais payé mes dettes et dépensé le reste en bibine et en jeux. Ah non, j'oubliais ! J'ai aussi fait l'achat d'une sublime bague de fiançailles pour Alice.

Matthieu

Ta médiocrité est un talent Calys ! Bien joué ! Tu iras en enfer ! Tu es un menteur, manipulateur, un hypocrite et un infidèle de surcroît. Le pire, c'est que tu réussis à rester romantique. Mais maintenant, refaisons ensemble l'équation, imagine que ce soit Alice qui te trompe.

Calys

Oh mon Dieu, tu as raison... J'en serais littéralement malade, je perdrais complètement la boule. Je pense que je serais capable d'arracher les yeux de celui avec qui elle m'a trompé. Cela serait tellement douloureux pour moi que mon cœur s'en serrerait de désespoir... Si Alice me trompe un jour elle m'infligera, et m'assènera des coups dont j'aurais du mal à me relever. Et si elle tient à moi je souhaiterais qu'elle s'en rende malade de honte, qu'elle en pleure, qu'elle en vomisse, qu'elle souffre autant que moi qui ait subi son poison insidieux... Je pense que je vivrais cela comme un affront.

Matthieu

Ça va dans les deux sens Calys. Il est plus facile de goûter à la cyprine d'une autre que d'imaginer sa copine se taper un autre mec. C'est typiquement humain. On s'en rend compte souvent trop tard.

Calys

Ça me terrifie, tu crois qu'elle l'a déjà fait ?

Matthieu

Je n'en sais fichtre rien. En tout cas, ce qu'il faut dans un couple c'est être transparent.

Calys

J'ai tellement peur, je l'aime tellement...

Matthieu

Il vaut mieux qu'elle ne soit pas aussi infidèle que toi tu ne l'es, car tu n'y survivrais pas. Tu n'as pas l'air de te rendre compte, mais homme ou femme nous avons les mêmes envies et désirs. Mentira celui qui dira ne jamais avoir voulu coucher avec quelqu'un d'autre que son mari ou sa femme. Reconnaître cela, c'est déjà faire un pas vers le féminisme et le respect des droits de chacun. Les hommes ont peur du plaisir et du désir des femmes. Il faut qu'on se l'avoue et ne plus omettre, ne plus oublier, ni opprimer les femmes. Nous sommes humains avant tout, notre peur n'a pas lieu d'être, notre jalousie non plus, nous devons faire nation avec ce qui nous a toujours séparé.

Calys

Le mot féministe m'effraye, certaines femmes veulent

changer les choses seules, sans les hommes. Un homme féministe devra toujours se justifier.

Matthieu

Le féminisme n'existe pas sans les deux sexes.

Le téléphone fixe à l'intérieur de la maison se met à sonner.

Calys

Attends on m'appelle...

Matthieu

Qui appelle donc si tard ?

Calys part chercher le téléphone, pendant que Matthieu finit de boire une bière. Calys revient avec le combiné.

Calys

Allô ! Ah salut César, qu'est-ce que tu deviens ?

Un temps.

Dis-donc, félicitation ! En CDI c'est formidable ! Moi ça va écoute, au chômage, je roule ma bosse vois-tu... Oui, oui, bien sûr que je connais Gaïa on était ensemble au lycée. On parlait d'elle avec Matthieu tout à l'heure justement. Il te passe le bonjour d'ailleurs...Tu dis ? Comment ? Ce n'est pas possible !? Derrière la gare... Matthieu ne va pas y croire... C'est horrible... Je comprends, j'étais également très proche de Gaïa au lycée... Il faut la sortir de là !

Calys s'appuie sur sa chaise.

D'accord, je vais te laisser alors... Et n'hésite pas à

passer un de ces quatre, allez bisous, bisous. Sois prudent sur la route.

Il raccroche, troublé.

Tu ne vas pas y croire Matthieu. Gaïa fait l'article à la gare de la Souterraine.

Un temps.

Matthieu

Comment cela est-il possible ?

Calys

En rentrant du boulot César est passé derrière la gare de la Souterraine. Il y a toujours eu des prostituées derrière la gare, mais qui aurait cru que cette fois-ci Gaïa en ferait partie. À peine s'était-il arrêté après l'avoir aperçue qu'elle monta dans une bagnole.

Matthieu

C'est affreux ! Un client ?

Calys

Paul Géhenne.

Matthieu

Est-ce une blague ? Est-il devenu un artiste ? Un mac ? Un lover boy ? Qu'est-ce que cet enfoiré vient faire là dedans ? Comment César peut-il en être sûr ?

Calys

Je n'en sais strictement rien. Bon maintenant que Gaïa est une pute empresse-toi de cracher ton RSA le mois prochain, elle ne peut que t'accorder ses faveurs à présent.

Matthieu

Tu es vraiment un enfoiré ! Moi je pense plutôt que c'est toi le client parfait, tu as enfin trouvé la pute avec laquelle tu vas tromper de nouveau Alice.

Calys

Moi je pense plutôt qu'on va fermer notre gueule, on ne parle pas d'un morceau de barbaque, mais d'une amie qui nous est très chère.

Matthieu

Les frères Géhenne l'ont enrôlés dans ce bourbier de talons aiguilles, de capotes et de draps suintants.

Calys

Je pensais que Paul avait largué Gaïa à la même époque où elle divorçait.

Matthieu

Non, cela aurait été gentil de sa part, mais non. Lui et son frère se sont associés, ce sont deux croûtes aux esprits tordus ; qui ne tarissent pas d'idées pour gagner de l'argent. Qu'ils brûlent en enfer ! Je sais exactement ce qui s'est passé. Lorsque Paul a appris le divorce de Gaïa il savait qu'il pouvait en profiter. Gaïa n'avait plus rien, elle était totalement vulnérable, il ne lui restait que son amour naissant pour Paul. Et je ne sais par quelle magie fallacieuse, par quel cocktail de promesses et de « je t'aime », il a réussi à foutre Gaïa sur le trottoir, mais il l'a fait.

Calys

Tu ne crois pas que ton histoire est un peu tiré par les cheveux ?

Matthieu

Paul est toujours dealer ?

Calys

Oui, la beuh de ce soir vient des urnes funéraires, de l'arrière boutique de ses pompes funèbres. Mais il faudrait que tu sois sûr que c'est lui le proxénète.

Matthieu

Je vais lui rendre une petite visite à l'aube. On est trop sobre Calys, toute cette histoire est complètement surréaliste, on la croirait tirée d'un film. Veux-tu un shot de tequila ?

Calys

Pas un mais deux !

Matthieu

Tout de suite.

Il sert les shots. Calys et Matthieu lèvent leur verre, puis boivent.

Calys

Ça va aller Matthieu ?

                        Matthieu

On renquille ?

                        Calys

On renquille.

                    Ils se servent, puis boivent.

Un autre ?

                        Matthieu

Un autre !

                Ils se servent de nouveau, et boivent.

                        Calys

Ça va taper...

                        Matthieu

Je crois bien.

                        Calys

Tu es venu comment ? Je ne m'en souviens plus...

                        Matthieu

En mobylette.

                        Calys

Ça te dit qu'on fasse un tour demain après-midi, après que tu aies fait un tour chez les Géhenne ?

Matthieu

Avec plaisir ! Mais ta mob n'est pas en panne ?

Calys, *souriant.*

Faut que je te raconte ! J'étais sur la nationale jeudi dernier en me rendant chez Vincent, lorsque j'ai perdu mon pot d'échappement. Alors j'ai fait preuve d'inventivité, j'ai rafistolé le tout avec un boulon et un gilet de sécurité que j'ai noué à la bécane.

Matthieu

Ça c'est du système D.

Calys

J'ai donc fait trente kilomètres avec un pot d'échappement branlant.

Matthieu

Putain, quelle aventure ! Bon, ça te dit qu'on se roule un joint ?

Calys

Oui, pourquoi pas, je ne veux pas avoir acheté de la beuh aux Géhenne pour rien.

Matthieu

Tu peux amener le poste de radio le temps que je roule, j'aime bien écouter de la musique en fumant, merci.

Il prend péniblement de quoi rouler le pétard. Il se met à pleurer, puis s'empresse de sécher ses larmes.

Calys

Tout de suite mon ami.

Calys part chercher le poste radio, puis revient.

Matthieu

Tiens j'y pense, j'aime beaucoup ta veste. Où l'as-tu acheté ?

Calys

Dans une friperie.

Matthieu

C'est génial, ça évite de participer à cette industrie du textile qui paye des enfant en Inde. De plus les fringues sont belles à ce que je vois.

Après avoir roulé le pétard, il l'allume.

Calys

Je ne sais pas ce qu'ils font en Inde ou autre part, et je préfère ne pas le savoir... Sur quelle fréquence la radio ?

Matthieu

Essaye 120.5...

Calys

D'accord.

Calys cherche la fréquence, puis finit par la trouver.

Il tombe sur une radio d'information exposant les horreurs en Syrie.

Matthieu

Change de fréquence, je ne veux pas écouter ces horreurs.

Calys

Je n'arrive pas à changer de fréquence.

Matthieu lui fait signe de lui passer le poste radio. Celui-ci essaye de changer de fréquence.

Matthieu

Moi non plus putain !

Calys

C'est vraiment la merde en Syrie en tout cas.

Matthieu

Sans blague Calys, tu es le roi de l'évidence ! Putain, c'est vraiment bien bloqué, saloperie !

Calys

Toute la planète est foutue là-bas pour ses intérêts, et ce sont les civils qui trinquent.

Matthieu éteint finalement le poste radio.

Matthieu, *agacé.*

Tu vas continuer à me sortir ce que je sais déjà. Ces enculés de dirigeants ne pourraient pas subir le quart de ce que les gens vivent dans ce pays, ils auraient tous déjà chié dans leur froc. Que Trump, Poutine, El Assad, et tout ceux qui font vivre l'enfer sur Terre à toute une population aillent aux diables. Si je pouvais moi-même leur faire la peau, je le ferais sans hésiter. Ce sont des pourritures, des moustiques, qui prennent de la pisse pour de l'eau stagnante. Tiens, dis-moi des choses que tu détestes.

Calys

Ce que je déteste ? Le rapport avec ce qu'il se passe en Syrie ?

Matthieu

Tu verras, dis-moi n'importe quoi, vas-y !

Calys

Je déteste me balader en caleçon chaussette.

Matthieu

Maintenant imagine toi dans cette tenue.

Calys

Oui, c'est bon, ça m'est d'ailleurs très désagréable. Si tu pouvais faire vite.

Matthieu

Maintenant imagine qu'il y ait du sable dans ton caleçon et tout autour de toi. Le sable ça s'infiltre partout, ça craque sous les dents, ça colle aux pieds, ça colle au cul, c'est brûlant quand le soleil gronde et fait mal aux yeux quand le voisin secoue sa serviette à ton visage ; ou quand le môme tout excité, courant vers la mer remue le moindre grain dans son sillage. Vois-tu, tout ces dirigeants c'est un peu le sable que tu as entre les fesses.

Calys, *se mettant à rire.*

Fascinant.

Matthieu

Tiens demain, on va aller chez Kraün, on va lui faire cracher son blé pour la Syrie, et toutes les communautés opprimées. As-tu toujours les post-it de Kraün ?

Calys

Bien sûr.

Matthieu

Ce soir, on ouvre une cagnotte pour essayer de faire changer les choses. J'en ai marre de jamais rien foutre, de me dire que les gens là-bas sont trop loin. J'en ai marre d'avoir deux minutes de lucidité devant le téléviseur, marre d'être un putain de révolté du canapé. Je veux me bouger le fion au lieu d'être dépassé par des choses futiles.

Il se met à parler à lui-même.

Oui mon petit Matthieu, il semble que tu ne verras jamais de café dans tes tiroirs si tu ne vas pas en chercher. Tu n'auras pas moins de cholestérol si tu continues à bouffer du sauciflard. Tu seras toujours à découvert de cinquante balles tous les mois, tu auras toujours deux feuilles pour te torcher si tu n'es pas un peu plus vif ! J'en ai marre de faire des manifs sans avoir lu les réformes pour lesquelles je scande des slogans à deux francs. Le pire c'est que je pense avoir la noblesse de faire ça pour mes gosses, gosses que je n'ai pas et de plus, je suis incapable de m'occuper correctement de mon propre derche ! J'en ai marre de la gauche, de la droite, du mouvement en marche, de tout ceux qui croient avoir la science infuse et avoir retenu dans leur petit cerveau étriqué l'intégralité du monde des Idées. Je ne suis pas mieux qu'eux, à la seule différence que moi je n'ai aucune prétention. Je suis un abruti qui veut voir changer le monde avec ses maladresses, qui veut réaliser des choses avant d'être enfermé dans un cercueil à raconter sa pauvre vie aux vers. Vers qui boufferont ses yeux, grumeaux et bile, qui arracheront ses entrailles, pendant qu'il essayera de reconnaître le visage de sa mère au paradis.

Un temps.

Peut-être n'y aura t-il personne pour me pleurer ? Ce monologue n'a aucune visée cathartique, mais Calys si tu as envie de pleurer ne retiens pas tes larmes. Il faut t'entraîner tu seras peut-être, si tu n'es pas déjà mort, le seul à mon enterrement à pouvoir extorquer à ton visage, deux, trois larmes. T'inquiètes pas, je te promets que ce ne sera pas cher payé pour les fous rires, les poches vides, les cris, les peines, les gueules de bois, les ennuis, les amours, les apéros à la bonne franquette et tout ce que nous avons partagé... Tout ce que l'homme fait est futile, seules les choses les plus simples ont la valeur d'une vie. Alors oui, tout ça c'est peut-être un merdier pas possible, mais les fleurs poussent mieux sur un tas de fumier. C'est tout ce que j'ai à dire.

Calys

Matthieu tu donnes le vertige.

Matthieu

Tu ne penses pas que j'ai raison Calys ?

Calys

Je n'ai pas tout retenu de ta tirade, mais je suis d'accord pour faire de l'humanitaire.

Matthieu

Oublie Calys je pense que ce ne sera pas pour ce soir.

Calys

D'accord...

Un temps.

Je passe du coq à l'âne, mais émettons l'hypothèse suivante... Si les Géhenne sont bien des proxénètes, on pourrait peut-être faire affaire avec eux pour que l'on puisse sauver Gaïa.

Matthieu

Tu es bien optimiste, ils ne voudront rien entendre. Mais bon si tu as une idée, dis toujours.

Calys

Regarde autour de toi.

Matthieu s'exécute.

Matthieu

Oui, c'est la cave de tes parents dans laquelle on passe toutes nos soirées...

Calys

Oui, mais aussi ?

Matthieu

Je ne vois pas, désolé...

Calys

Si je te disais que l'achat de cette maison se termine dans deux mensualités ; que mes parents ne souhaitant pas vivre leur retraite ici me cède cette maison dans seulement trois mois.

Matthieu

C'est formidable !

Calys

Nous allons chez le notaire dans deux jours. Souhaites-tu être mon futur colocataire ?

Matthieu

Bien sûr ! Rien ne me ferait plus plaisir !

Calys

Super ! Donc une fois que je n'aurais plus mes parents sur le dos, je pourrais faire ce que je veux dans cette baraque. Nous pourrons faire ce que nous voudrons, toi et moi.

Matthieu

C'est génial et à la fois désastreux pour notre foie, nos résolutions, et le peu de morale qu'il nous reste...

Calys

Oui ! Demain j'achète une bouteille de champagne.

Matthieu

Nous devons fêter cela dignement ! Sinon, revenons à ton affaire avec les Géhenne.

Calys

Cette cave doit bien faire quarante mètres carré à vue d'œil.

Matthieu

Oui, c'est assez grand pour une cave, mais cesse d'être évasif cela m'ennuie.

Calys

Oui, elle est très grande, je ne te le fais pas dire. Maintenant, nous sommes fauchés, paresseux, nous sommes seulement doués dans les magouilles ; enfin je le suis un peu plus que toi, mais bon là n'est pas le sujet.

Matthieu

Mais encore...

Calys

J'ai un politicien dans la poche, tu connais deux frères dealers qui détiennent ta bien aimée en otage et lui font faire le trottoir. Me fourvoie-je ?

Matthieu

Non, tu as raison jusque là.

Calys

De plus, j'ai un rêve, un rêve qui me fait brasser trois fûts de bière artisanale par mois.

Matthieu

Plus cette conversation avance, plus cela devient opaque et touffu. Arrête de faire le mystérieux, viens en aux faits maintenant.

Calys

Pour libérer Gaïa, il faut parvenir à un accord avec les Géhenne. N'est-ce pas ?

Matthieu

Il ne faut pas seulement un accord avec les Géhenne. Gaïa ayant été embrigadée, doit être libérée de son zèle et de son amour pour Paul Géhenne. Et puis, que ferons-nous de Gaïa après l'avoir sauvée ?

Calys

Nous verrons, je pense que nous la mettrons sous tutelle, si elle s'est faite avoir c'est qu'elle est un peu ingénue.

Matthieu

Oui, je te l'accorde, maintenant quel est ton plan ?

Calys

C'est bien simple, cette cave est assez grande pour devenir un bar illégal.

Matthieu

L'idée est brillante, à voir si elle est réalisable.

Calys

Je vais demander cinq cent balles à mes parents en plus de ce qu'il y a sur mon compte pour retaper cet endroit. Bien sûr, je leur donnerais une raison bidon pour qu'ils me donnent cet argent.

Matthieu

Je vais faire de même, mais je pense que mes parents me donneront une somme un peu plus modeste.

Calys

Ça devrait suffire ne t'en fais pas. Vu que nous comptons nous établir de manière illégale, nous avons tous les droits.

Matthieu

Je vois ! Tu veux que l'on construise un bar dans ta cave, dans lequel nous vendrons ta bière artisanale, revendrons l'herbe des Géhenne en l'échange de la liberté de Gaïa, tout cela subventionné illégalement par Kraün.

Calys

Tout juste ! Alors, qu'est-ce que tu en dis ?

Matthieu

Ça pourrait le faire.

Calys

Viens là que je t'embrasse !

Il se lève et enlace Matthieu.

Matthieu

Tu es sûr que Kraün nous donnera son argent ?

Calys

Étant donné que je le tiens par les couilles, il n'a pas grand chose à dire, t'en fais pas.

Matthieu

Lui peut-être, mais sa banque non. Si on lui extorque de l'argent tous les mois sa banque risque de trouver cela suspect. Je veux à tout prix éviter les ennuis.

Calys

Il ne faut pas qu'il nous verse de l'argent pendant un an, quelques mois suffisent, cela évitera les soupçons. Il n'aura qu'à dissimuler ses dépenses par je ne sais quel moyen. Puis merde, je ne vais pas lui apprendre à blanchir son argent, c'est le roi des magouilles ! En tout cas, il n'a pas intérêt à refuser nos requêtes. De toute manière, si il ne m'obéit pas je séquestre sa femme.

Matthieu

Serais-tu vraiment capable de la séquestrer ?

Calys, *souriant avec malice.*

Non en vérité, je l'emmènerais deux semaines à la plage, elle a besoin de voir du pays la vieille. Je la garderais assez longtemps pour que son vieux paye la rançon.

Matthieu

Mais c'est que tu es rusé.

Calys

Tu as vu ! Tout ça pour dire que tu n'as pas à t'inquiéter, Kraün mettra la main à la poche qu'importe la manière dont je lui soutirerais cet argent.

Matthieu

Je te fais confiance.

Calys

Préviens tous tes contacts un nouveau bar ouvre à St Sulpice !

Matthieu

T'es con Calys !

Un temps.

C'est fou, mais je m'y vois déjà, c'est peut-être l'alcool qui y fait.

Calys

Oui sûrement, mais on est deux à ce stade, on appelle ça une hallucination collective. Il faut qu'on s'organise, ce n'est pas notre fort, mais il le faut !

Matthieu

Oui, il le faut ! Dis-moi Calys, tu ne penses pas qu'on

va un peu vite en besogne. On n'est même pas encore en coloc qu'on prépare toutes les manœuvres pour faire un bar illégal dans la cave.

Calys

Je ne pense rien, je rêve. Je serais pragmatique demain. Laisse toi aller ! Tu es bourré, défoncé et tu veux rester censé, tu n'as pas assez bu alors...

Matthieu

Je trouve juste qu'on se fait vachement de plans sur la comète.

Calys

Allez mon brave, laisse toi aller à la rêverie et manigançons avant l'aube !

Matthieu

Bon d'accord. Et bien...

Calys

Et bien !

Matthieu

On pourrait mettre en place toutes sortes de choses dans ce bar, cet endroit pourrait être un lieu d'échange, de troc.

Calys

Ce lieu un empire, une utopie, loin des conventions. Tout y est possible.

Matthieu

Pas de paperasse futile et de démarches qui durent des mois et des mois. Pas de taxe.

Calys

L'illégalité, un sacré gain de temps et d'argent.

Matthieu

Il faut qu'on pose nos idées sur papier pour ne rien omettre plus tard. Ne penses-tu pas ?

Calys

Totalement d'accord, je vais chercher un calepin.

Matthieu

Fait donc, je te sers un verre pendant ce temps ?

Calys

Volontiers, sers-moi une blanche s'il te plaît.

Matthieu

D'accord.

Calys

Merci, j'arrive tout de suite.

> *Il se lève et part chercher un calepin. Il revient un instant plus tard.*

Voilà j'ai de quoi écrire, nous disions donc.

Matthieu

Nous sommes deux rêveurs qui veulent faire un bar illégal dans une cave, et qui veulent se la jouer chevalier servant pour sauver une prostituée.

Calys

Joli tableau.

Matthieu

Il faut que tout soit clair et ce malgré notre état... Commençons dans l'ordre, Kraün ?

Calys

Deux mille euros en liquide, pendant six mois le temps de lancer l'affaire.

Matthieu

Bien, tout cet argent à quoi nous servira t-il ?

Calys

À nous payer, aménager le bar.

Matthieu

Combien prendra-t-on ?

Calys

100 balles à tout casser, ça te va ?

Matthieu

Ça me va.

Calys prend note.

Calys

Maintenant que propose t-on aux Géhenne pour libérer Gaïa de leur emprise ?

Matthieu

On leur propose un nouveau point de vente pour leur came.

Calys griffonne sur son calepin.

Calys

Ça me paraît bien, à voir avec eux. Bon maintenant que nous avons terminé avec les choses frivoles, passons aux choses sérieuses ! La bière. Combien de fûts de bières dois-je brasser chaque mois ?

Matthieu

Ne va pas trop vite en besogne, soit raisonnable. Tout dépend de la demande, aujourd'hui nous pouvons seulement décider d'une quantité initiale. Combien de fûts as-tu ?

Calys

Une trentaine.

Matthieu

De cinq litres ?

Calys

Exactement.

Matthieu, *en souriant.*

D'accord.

Calys

Oui, mais je pense que nous arriverons vite à cours de bière... Mais bon on verra bien... Enfin, je touche du doigt un rêve, vendre ma bière !

Matthieu

N'est-ce pas formidable ?

Calys, *en jubilant.*

Tu ne sais pas au combien ça l'est ! La bière ça conserve les corps comme la charpente tient une maison. La bière est comparable à plus d'un titre à celle-ci. La bière comme la charpente encre son empreinte, sa signature entre les dalles et les pavés de nos esprits ; la gloire émanant de ses matériaux à la fois nobles et modestes : houblon, blé. La bière s'insinue, s'immisce dans notre squelette au sein même de notre fondation, prenant notre corps du cœur à l'aine.

Il s'arrête un instant, sans cesser de jubiler.

Les arêtes, les angles aigus des charpentes sont corrompus du souvenir agile du charpentier faisant son œuvre ; qui offre de ses négligences et maladresses valeur ajoutée à son ouvrage. Un brasseur fait de même avec sa bière.

Regardant son acolyte avec un air complice rempli de folie.

Sache qu'un long chemin est emprunté jusqu'à notre œil non initié. De l'émerveillement que l'on adopte naturellement à ces hauts lieux de beauté, bière et charpente, jaillit un chérubin qui transforme en peine, le regard que l'on offre d'un air farouchement timide au cas échéant de ses ruines.

Matthieu la bouche entrouverte, ayant du mal à suivre son ami, fronce les sourcils.

Ce n'est pas un hasard, si nous accordons si facilement notre goût et nos faveurs à ces choses, car elles nous apprivoisent par l'aspect précoce de leurs appâts. Vois-tu bière et charpente se confondent par analogie !

Matthieu

Je n'ai strictement rien compris. Je vois seulement un boit-sans-soif passionné qui est tombé dans un fût de bière quand il était petit. Tu es donc ivrogne depuis ta naissance. Je ne veux pas savoir à quoi ta mère carburait pendant sa grossesse...

Calys

Tu es médisant Matthieu.

Matthieu

La bière coule dans tes veines, je crois qu'il serait inutile de te sevrer.

Calys

Passons ! Que souhaites-tu mettre en place dans ce bar ?

Matthieu

Je ne sais pas, on pourrait accueillir des groupes de musique indépendants à faire des concerts.

Calys

Moi je vois plus un tripot.

Matthieu

Il faut attendre peu de temps avant de voir ressurgir tes penchants de brigand.

Calys

Attends, ce lieu a un grand potentiel que nous avons le devoir d'exploiter. Ce bar pourrait être une véritable niche à biffeton.

Matthieu

Ce sera sans moi ! Pourquoi aurait-t-on besoin d'autant d'argent ? C'est cela ta valeur, l'argent ?

Calys

Non au contraire, je vois seulement les choses plus grandes que toi tu ne les vois.

Matthieu

Moi la seule chose que je vois c'est que tu as du mal à réprimer tes ambitions.

Calys

J'ai une âme de révolutionnaire moi, monsieur.

Matthieu

C'est nouveau !

Calys

Mais ouvre les yeux ! On pourrait construire un empire. Avec de l'argent on pourrait corrompre toute la région en lâchant pots de vins sur pots de vins. On pourrait créer un parti communiste, financer notre campagne. On pourrait prêcher notre bonne parole, libérer des innocents.

Matthieu

Attends deux secondes, je ne vois ni ta faucille ni ton marteau.

Calys

Ne sois pas borné, je propose seulement du troc et des auberges espagnoles à une échelle largement plus exponentielle.

Matthieu

Des auberges espagnoles ! Et des massacres pour arriver à un idéal. J'ai des convictions sûrement plus modestes que les tiennes, mais je me porte bien ainsi. Si tu veux bien, retrouve la raison et continuons à construire notre rêve.

Calys

Sers-moi donc un coup au lieu de raconter des bêtises.

Matthieu

D'accord, de la vodka pour le bolchevik ?

Calys

Ne fais pas le saint, tu es aussi communiste que moi.

Matthieu

Socialiste, je t'en prie.

Calys

Tu crois encore à ces débauchés, rois de la désillusion. Tu as le goût pour les choses en péril, Gaïa, les socialos... Tu aimes bien sauver ce qui est quasiment impossible à sauver. Tu serais prêt à guérir un sol infertile en le labourant avec ta verge et en l'arrosant de foutre, j'admire !

Matthieu

J'ai une soudaine envie d'en venir aux mains. Retire ce que tu viens de dire. Je n'ai pas de leçon à recevoir d'un type qui a baisé la femme d'un richou pour servir ces intérêts. Dis-moi, tu n'aimes pas les couguars, mais tu lui as bien touché les seins et le clitoris d'une main à la vieille. Quel âge a t-elle ? Tu lui as compté les plis ?

Calys

Fais pas le con ! J'ai deux fusils au-dessus de ma cheminée.

Matthieu

Toi non plus fais pas le con !

Calys

Bien, en garde monsieur l'écolo fasciste.

*Les deux se lèvent et se tiennent face à face.
Un véritable combat de coqs s'engage.*

Matthieu

Putain, je ne te pensais pas ainsi. Tu es aussi faux que Jean Marie Lepen qui serait pris du syndrome de Stendhal devant un fleuron de l'architecture soviétique.

Calys

Tu m'as enfin percé à jour. Heureux ?

Matthieu

Tu peux me dire ce qu'on fait ?

Calys

Nous étions sur le point de nous étriper...

Matthieu

Il me semblait bien...

Calys

Viens me faire un câlin.

Matthieu

Non, toi viens.

Calys

Enfin, viens donc !

Matthieu

Tous les deux !

Ils s'embrassent.

Calys

Mon vieux Matthieu, socialo, gaucho, écolo, fasciste de mes trois couilles.

Matthieu

Mon bon Calys, communiste, soiffard, juif, gauche et empoté. Je t'aime !

Calys

Je t'aime aussi !

Matthieu

Reprenons Che Guevara !

Calys

Je pense que je vais faire une croix sur mes idées impérialistes.

Matthieu

C'est une bonne chose et puis regarde, on est deux abrutis totalement éméchés dans une cave. Je ne te dis pas la gueule de ta révolution si elle avait abouti. Attends j'ai l'image, une barricade en palette, deux trois pétards mouillé et un slogan pété devant la mairie.

Calys

Il faut bien commencer quelque part...

Matthieu

Ça fait pitié Calys, accorde moi ça.

Calys

Oui, c'est bon je te l'accorde, ça fait pitié.

Matthieu

Je n'arrive pas à savoir si nous sommes victimes ou coupables de nos ambitions.

Calys

Un peu des deux.

Matthieu

Soyons modestes bon sang ! Tu nous as vu essayer de trouver des combines plus farfelues les unes que les autres... Tout ça c'est superflu ! Nous allions vendre de la drogue ! Nous allions quémander des milles et des cents à Kraün ! Mon Dieu qu'est-ce qu'il ne va pas. Sommes-nous naïfs, fous ? Cette liste n'a plus de sens, brûle-là.

Calys

On a trop bu, trop fumé, et nous sommes naturellement inconscients. On s'est cru dans un film.

Matthieu

Il faut que j'arrête de m'abrutir devant la télé.

Calys

Putain ce qu'on est con !

Calys prend le briquet sur la table et brûle la liste qu'il jette dans la poussière.

Matthieu

Tu voulais créer un parti communiste.

Calys

Fait chier, faut que j'arrête.

Matthieu

On a joué avec des sommes d'argent que nous n'avions même pas. On s'est pris pour des mafieux, des requins de la finance !

Calys

Regarde-nous !

Matthieu

Avachis sur nos chaises, regarde la table.

Ils se mettent à la regarder.

Calys

Blondes, blanches, rhum, vodka, mégots...

Matthieu

Il y en a une qui n'a pas encore flirté avec notre gosier. On s'ouvre une brune, il faut bien qu'on retrouve nos esprits.

Calys prend deux bouteilles de bières brunes dans la glacière, qu'il décapsule. Les deux hommes lèvent leur bouteille.

Calys

Santé !

Matthieu

Santé !

Ils boivent.

Calys

Je ne nous croyais pas aussi con.

Matthieu

Moi aussi...

Calys

Veux-tu toujours qu'on sauve Gaïa ? Ça se trouve elle s'est mise à son compte, elle n'a pas besoin de nous. Peut-être bien que les Géhenne n'ont rien à voir avec ça.

Matthieu

Oui, je veux la sauver, se prostituer ce n'est pas une vie à mon humble avis. Je ferais n'importe quoi pour qu'elle arrête de vendre son corps. Et puis, je suis amoureux d'elle, il m'est insupportable de l'imaginer... De l'imaginer...

Calys

Demain, je vais racketter Kraün à hauteur de dix mille euros.

Un temps.

Matthieu

Laisse ce pauvre vieux tranquille.

Calys

Comme tu voudras.

Matthieu

Je vais me rendre à la gare demain, j'irais supplier Gaïa de m'épouser.

Calys

Propose-lui d'emménager ici.

Matthieu

D'accord, merci Calys.

Calys

Quelle aventure.

Matthieu

Tu l'as dit bouffi !

Un long silence.

Calys

On fait quoi à présent ? On joue aux cartes, au scrabble ?

Matthieu

Juste souviens toi.

Calys

De quoi donc ?

Matthieu

De nous à l'école primaire.

Calys se met à rire.

J'étais un jeune creusois débarqué dans le sud. Je ne connaissais personne, je passais mon temps à jouer à l'agent secret. J'utilisais des noms de villages de la Creuse pour mes missions, comme des noms de code : Mister Roger on vous envoie à Saint Sulpice, mister Roger on vous envoie à La Souterraine. Un jour, tu es venu jouer avec moi et c'est vite devenu une habitude.

Calys

Ah ça, tous les jours !

Matthieu

Pour jouer tu empruntais les noms des villages que je citais, tu ne les connaissais pas, mais cela ne t'empêchait pas de les répéter à tue-tête. J'aimerais bien savoir à quoi ressemblaient les villages que tu imaginais quand on jouait tous les deux. Moi j'avais des souvenirs là-bas, toi tu ne pouvais construire ces villages qu'à partir de la phonétique de ces noms. Tu as peut-être essayé naïvement de te souvenir de quelque chose que tu n'as jamais connu ; en additionnant le nombre de tes années, au petit chiffre de tes souvenirs, en vain.

Calys

Je ne pourrais te faire la description de ces villages, car maintenant je n'entends plus ces noms de vive voix dans ma tête, seulement comme un écho. À l'époque ma naïveté traduisait tout ce que je ne connaissais pas d'un visage.

Matthieu sourit, et reste silencieux pendant un instant.

Matthieu

Le costume d'agent secret nous collait tellement à la peau que lorsque nous racontions nos week-ends à nos parents, on remplaçait les noms des villages des environs par ceux que l'on utilisait pendant nos jeux. Nos parents n'entendaient rien à ce que nous disions et cela nous faisait bien rire.

Un temps.

On utilisait des noms de villages creusois pour désigner les villages pyrénéens alentours. Cette habitude ne nous a jamais quitté. C'est singulier, puéril, mais on ne s'en rend même plus compte, on a intériorisé ces noms comme si ils avaient toujours été inscrits sur les panneaux. On a développé notre propre langage secret, sans le vouloir.

Calys

Tu as raison, je ne m'en rends même plus compte. Le pire, c'est que je désigne les villages pyrénéens par le nom creusois que nous leur avons donné quand je parle à Alice. Alors, je me corrige ou je tourne sept fois ma langue dans ma bouche. Il m'est même arrivé d'envoyer des lettres avec une adresse ne concordant avec nulle part, car le code postal était d'ici, et le nom du village en Creuse. La faute à qui ?

Matthieu

Ah bibi, je suis désolé. Tout ça me rend tellement nostalgique. Buvons à notre enfance et à notre naïveté.

Calys

Cul sec ?

Matthieu

Cul sec !

Calys

Demain je vais me balader à la Souterraine.

Il fait un clin d'œil à Matthieu.

Matthieu, *rit.*

Parfaitement !

Calys

Si un jour j'ai un bar, j'aimerais qu'il soit imprégné de la modestie de notre enfance : quelques amis, quelques bières, à la limite un juke-box.

Matthieu

Des discussions interminables, des rires, tout ce qu'il y a de plus simple.

Calys

Je me fous de gagner des milles et des cents, juste être heureux avec Alice et toi.

Matthieu

Il ne faut pas seulement se contenter de ce que l'on a, il faut en jouir.

Calys

C'est une excellente philosophie.

Matthieu

Si j'avais un peu d'argent, j'aimerais m'acheter une maison en Creuse. J'y vivrais peut-être pas toute l'année, mais juste pour les vacances, une maison secondaire quoi, loin de tout.

Calys

Moi j'épargnerais pour l'avenir. Je commence à songer à avoir des gosses. Je leur apprendrais les noms secrets des villages de mon enfance, et je dirais que c'est tonton qui me les a appris.

Matthieu

Tonton… merci.

Calys

Qui d'autre ?

Matthieu

Et bien, je suis flatté.

Calys

Feras-tu de même ?

Matthieu

Tu rigoles, bien sûr !

Calys sourit, puis se met à bailler.

Calys

Il se fait tard...

Matthieu

Oui, mais je dormirai un autre jour, un autre soir, profitons. L'humidité de cette cave est très agréable. Des choses ont déjà été entreposées ici ? Vins ? Viandes ? Caves à cigare ?

Calys

Et bien sûrement, mais je l'ai toujours connu vide.

Matthieu

D'accord, on a au moins le mérite d'en faire quelque chose de cet espace vide.

Calys

Oui...

Les deux amis se regardent, sourient et restent silencieux quelques instants.

Matthieu

Cela n'a aucun rapport, mais je souhaite t'expliquer une pensée sincère. Pour moi, notre cerveau est un labyrinthe et en ces murs et multiples dédales, nos parents tiennent une place érudite. À leur mort nous découvrirons avec stupeur que là où ils laissent une place vide dans le siège de nos humeurs, sera inscrit l'avertissement suivant : « Lorsque la vie a une maigre pitance, le bonheur peut en être la carence. ». Cette citation vient de moi, mais cela peut-être n'importe quoi, car les phrases les plus idiotes qui mettent en lumière nos faiblesses, les mettent à nu, seront toujours légitimes face à l'éternité. Nous nous dirons que c'est absurde et nous nous demanderons si cela est notre seul héritage ? Nous conclurons sûrement hâtivement que le seul but de cette phrase et de faire sécher nos larmes qui ne cesseront de couler. Mais voilà, la seule certitude que nous aurons à ce moment là, c'est que dans le siège que nous créerons à notre tour dans l'esprit de nos enfants sera inscrite la même phrase. Car on ne peut éduquer un enfant sans y laisser irrémédiablement l'empreinte de notre condition humaine.

Un temps.

L'amour partagé entre soi et ses parents, ce grand amour qui nous donne des ailes pour essayer d'accomplir nos desseins les plus fous, ne se transforme t-il pas en fardeau arrivé à l'issue fatale ? Un parent sait que lorsqu'il nous met au monde il nous expose au chagrin de sa perte. Et il sait également que l'âge que nous aurons lors de sa mort importe peu, car elle sera toujours prématurée à nos yeux. Tout ça pour dire que quand je serais parent, il y a une chose que je souhaiterais réaliser coûte que coûte.

Calys

Ce que tu as dit est très beau et très juste. Que souhaiterais-tu donc faire ?

Matthieu

Tu sais il y a des phrases de nos parents qui nous marqueront à vie, des expressions, des tics de langage...

Calys

Oui, je vois ce que tu veux dire.

Matthieu

Ma mère quand il fait froid dehors et que nous sommes en famille bien au chaud dans la maison, dit souvent ceci : « On est bien dans notre bonne chaumière. ». Et ses mots s'accompagnent toujours d'un frottement de main. Alors j'espère, que dis-je, je souhaite que dans ma vie je puisse dire ceci en regardant mes enfants.

Calys

C'est mignon !

Matthieu

En parlant de mes parents il y a une chose que je regrette amèrement.

Calys

Dis-moi.

Matthieu

Tu sais, j'ai des origines espagnoles et réunionnaises. Espagnoles du côté de ma mère, réunionnaises du côté de mon père. Mon père est né à la Réunion et ma mère tient ses origines de ses grands parents.

Un temps.

Enfin bref, il y a une chose que je reprocherais toujours à mon père c'est de ne jamais m'avoir appris à parler créole. Je ne peux pas trop en vouloir à ma mère de ne pas m'avoir appris l'espagnole, elle n'a jamais vécu en Espagne et les seuls mots qu'elles connaissent sont : « Holà, soy una turistà francés. »

Il se met à rire.

Tu noteras le mauvais accord de « francés » qui n'est pas au féminin. Bref, j'en voudrais toujours à mon père.

Calys

C'est un patrimoine qui se perd.

Matthieu

Inexorablement... Ma mère a bien essayé de le convaincre, mais impossible il n'a jamais voulu.

Calys

Avait-il des raisons de ne pas t'apprendre le créole ?

Matthieu

Aucune, il avait seulement peur de tout devoir traduire à ma mère. C'est l'excuse qu'il nous a toujours servi...

Calys

À ta mère ? Mais ce n'est pas logique, il aurait pu seulement s'adresser à toi. C'est toi qui devait apprendre pas ta mère.

Matthieu

C'est comme ça...

Calys

C'est dommage.

Matthieu

Oui...

Un temps.

Avec mon père il y a une chose qui m'a toujours fait sourire, et fait de la peine à la fois. Lorsque que je lui souhaite bonne nuit il y a toujours une sorte de timidité, de pudeur entre nous. Quand je l'embrasse nous sommes tous deux hésitants, on ne sait pas qui de nous deux doit embrasser la joue de l'autre en premier. Il y a quelque chose de finalement très mièvre dans nos attentions. Je l'aime de tout mon cœur. Lui aussi doit m'aimer autant que je l'aime, mais il n'a jamais su me le montrer. J'aimerais répondre à ses silences d'un geste tendre et têtu.

Calys

Je crois que ce comportement là est propre à tous les pères et leur fils. Sinon, es-tu déjà allé à la Réunion ?

Matthieu

Oui, mais j'en ai des souvenirs très vagues, je n'avais que six ans.

Calys

Ça te manque ?

Matthieu

Oui, et puis j'ai de la famille là-bas que je ne connais pas très bien finalement.

Calys

Espérons que tu puisses repartir là-bas vite.

Matthieu

Oui, espérons ! Pour que je puisse voir ce « petit caillou ».

Calys, sourit.

« Le petit caillou »... Allons dehors, veux-tu ? Profitons du ciel étoilé, on est à la campagne faut en profiter.

Matthieu

Avec plaisir, mais fait-il bon dehors ? A t-on besoin d'une petite laine ?

Calys

Si tu es une petite nature oui.

Acte II

Ils sortent dehors dans la fraîcheur de la nuit, tout autour d'eux un grand bois, propriété de la famille de Calys. Les deux hommes se mettent à marcher tout en discutant.

Calys

Parle-moi un peu de ta mère.

Matthieu

Que veux-tu savoir ?

Calys

Parle-moi d'elle de la même manière dont tu as parlé de ton père.

Matthieu

Ma mère je lui dis tout, on est très fusionnel. Elle m'a toujours couvé, elle a toujours été très protectrice. Elle veut que je ne manque de rien. Mon père également, mais il souhaite que je sois plus autonome. Et je crois bien que je préfère la colère de mon père à celle de ma mère. Le courroux de mon père s'abat d'un ton bref et trapu. Ma mère use les nerfs, elle radote et te fait regretter ainsi tes fautes. Elle répète encore et encore.

Calys

Je crois que rabâcher est également commun à toutes les mères.

Matthieu

C'est usant !

Calys

Au moins, cela ne te donne pas l'envie de recommencer.

Matthieu

C'est efficace ça oui.

Calys

Allons à la rivière elle n'est pas très loin.

Matthieu

Je te suis.

*De petits bruits dans la forêt se font entendre.
Calys arrête son ami.*

Calys

Attends, j'entends claquer.

Matthieu

Arrête Calys, ne m'effraie pas.

Calys

Je t'assure, j'entends bringuebaler une chose qui va clamser.

Matthieu tend l'oreille.

Matthieu

Oui, j'entends, mais ne faisons pas de conclusion hâtive !

Les sons se rapprochent lentement.

Calys

Nous ne sommes pas en mesure de nous défendre.

Matthieu

Merci pour cette évidence ce n'était pas si clair pour moi. Attends, ce n'est peut-être rien d'autre qu'un sanglier.

Calys

Je sais reconnaître un sanglier rien qu'à son bruit ce n'est pas un sanglier.

Matthieu, *apeuré.*

D'accord, tu ne veux pas qu'on rentre à la maison ça me fait un peu peur.

Calys

Pirate ! Nous allons tirer ça au clair !

Calys se dirige vers la source des bruits, mais Matthieu l'arrête.

Matthieu

Ne veux-tu pas au moins que nous soyons accompagnés d'un fusil ?

Calys

Pour ?

Matthieu

À ton avis, par précaution !

Calys

Je ne vais point me cacher derrière un fusil, je reste digne.

Matthieu

Inconscient serait plus approprié !

Calys

Qui-va-là ?

Matthieu

Chut, chut ! Tais-toi bon Dieu ! Tu t'es pris pour un grand seigneur, un sir Godefroid en vadrouille.

Calys

Laisse-moi faire !

Matthieu, *une révérence.*

Vous êtes bien courageux messire.

Calys

De la lumière !

Matthieu

Cachons-nous !

Les deux amis s'allongent à plat ventre sur le sol.

Calys

Est-ce un monstre ?

Matthieu

Je ne veux pas le savoir.

Calys, *avec hésitation.*

Il y a quelqu'un ? Déclinez votre identité vous êtes dans une propriété privée !

On entend un cri lointain.

Pouvez-vous répéter !

Le même cri de nouveau.

Que dites-vous être ? Rapprochez-vous bon Dieu ! Et sachez que nous n'hésiterons pas à user de la force si nous vous considérons hostile !

Matthieu

Tu es ridicule !

Calys

Je t'en prie Matthieu fait mieux !

Matthieu

Avec plaisir imbécile !

Calys

De quel droit ! Tu es culotté, tu ne vois pas que j'essaye de sauver notre peau !

Matthieu

Tes actions augmentent considérablement notre péril !

Calys

Ah voilà, l'urgence souligne ta perfidie !

Matthieu

Perfidie peut-être, mais celle-ci pourrait me sauver la vie. Je n'ai point de compte à te rendre !

Calys

Tu n'as pas de compte à me rendre dis-tu ? La somme d'argent de tout l'alcool que tu as ingurgité, il n'est point trop tard pour la demander. Les arrhes et les intérêts, j'ai bien trop payé de mon amitié.

Matthieu

Ta générosité est fallacieuse, teintée d'avarice, ton hospitalité n'est donc pas sans arrière-pensées.

Calys

La situation est sûrement mal choisie, mais ton foie t'endette mon ami. Ne vomis pas ce soir ou je te demande le double de ce que je te demande.

Matthieu

Que ce soit toi qui essuie mon vomi serait déjà trop cher payé.

Calys

Que vois-je dans tes prunelles ? Un soupçon de révolté souillé par ton état de soûlard.

Matthieu

Voilà que monsieur essaye de nouveau de faire de l'esprit, c'est pitoyable. Tu n'auras pas un kopeck me faire boire est un mauvais investissement.

Calys

J'aurais mieux fait d'inviter Gaïa, cela aurait été un investissement beaucoup plus intéressant effectivement.

Matthieu

Enculé !

Matthieu se jette à la gorge de Calys.

Je vais brûler ta putain de forêt et toi avec. Je vais aller chercher de l'essence et des allumettes.

Calys

Que ce soit grandiose, tu as toujours eu le goût du spectacle !

Matthieu

Je n'oublierais pas de pisser sur les cendres fumantes.

Calys

Aucune classe !

Matthieu

Mais un soulagement à la limite du jouissif !

Calys

Tu me regretteras !

Matthieu

Pas sûr ! J'attends de te voir mort pour m'en rendre compte ou pas.

Calys

Abruti !

Matthieu

Je suis bien trop bourré pour te croire.

> *Les deux hommes ne voient pas qu'une chose se rapproche.*

Le hussard

Bonsoir.

C'est un homme grand vêtu d'un curieux accoutrement.

Matthieu

Qui êtes vous ?

Le hussard

Cela n'a pas vraiment d'importance, je me suis égaré.

Matthieu et Calys ont les mains sur la gorge de l'autre.

Calys

Qu'est-ce que nous en avons à foutre, vous ne voyez pas que nous sommes occupés. Et puis c'est quoi cet accoutrement ?

Le hussard

Pardonnez-moi, il est tard…

Calys

C'est vous qui rodiez dans ma propriété ?

Le hussard

Oui, à moins que je ne sois pas le seul à m'être perdu dans cette forêt.

Calys

Ma forêt !

Intrigué.

Cette tenue ?

Le hussard

Ah oui, je suis déguisé en hussard rescapé de la bataille de la Bérézina aux alentours de Borisov.

Matthieu

D'accord, d'où venez-vous ?

Le hussard

De Pau.

Calys et Matthieu cessent de se battre et se tournent tous deux vers cet homme inconnu.

Matthieu

C'est bien loin d'ici, pour quelle occasion vous êtes vous habillé ainsi ?

Le hussard

Une soirée déguisée à Pau.

Matthieu

Comment se fait-il que vous soyez ici alors ?

Le hussard

Je voulais rentrer chez moi à pied.

Matthieu

Quand on a aucun sens de l'orientation on ne se lance pas dans pareille aventure.

Le hussard

J'ai marché toute la nuit.

Calys

Vous vous êtes échoué bien loin de votre logis je pense, où habitez-vous ?

Le hussard

Dans un petit village à cinquante kilomètres au nord de Pau.

Calys

Je n'avais donc pas tort. Vous avez eu de la chance de tomber sur nous. Malheureusement, vous êtes descendu cinquante kilomètres au sud. Je vous conduirais chez vous à l'aube ou plus tard dans la journée le temps de décuver.

Le hussard

Oui, j'ai eu beaucoup de chance. Merci beaucoup !

Matthieu

Au fait, nous nous sommes pas présentés, moi c'est Matthieu et l'autre bitoniau c'est Calys.

Calys regarde Matthieu de travers.

Le hussard

Moi c'est Camille, enchanté de vous rencontrer.

Matthieu

C'est tout de même formidable de rencontrer quelqu'un ainsi.

Calys

Vous prendrez bien un verre ?

Le hussard

Volontiers.

Calys

Je n'habite pas très loin votre calvaire est bientôt fini.

Le hussard

D'accord, merci beaucoup.

Acte III

Ils se dirigent tous trois vers la maison de Calys. Une fois arrivés, ils rentrent par la porte extérieure de la cave.
Calys part chercher une troisième chaise, revient, puis installe le hussard entre lui et Matthieu.

Calys

Désolé pour le désordre.

Le hussard

Ne vous inquiétez-pas, c'est moi qui dérange.

Matthieu

Aucunement !

Calys, *à Matthieu.*

Seul le maître de maison doit répondre.

Un temps.

Aucunement !

Matthieu

Que prendrez-vous ?

Calys

Bière blonde, blanche, brune ? Vin rouge, blanc, rosé ? Punch, vodka ?

Le hussard

Je ne sais pas…

Calys

Une blanche pour monsieur ? Que vous ne sachiez pas cela est bien normal. *Ignoti nulla cupido*, on ne désire pas ce que l'on ne connaît pas. De cette bière vous allez en devenir fou, je vous le garantis !

Le hussard

J'en ai bu des bières, je vous assure je les connais toutes !

Calys

Pas celle-ci mon vieux, elle a été faite par la maison.

Le hussard

Va pour une blanche alors.

Calys

Je savais que cela vous tenterait !

Le hussard, *en regardant autour de lui.*

Quel lieu atypique et splendide.

Matthieu, *d'un ton dédaigneux.*

Sauf votre respect, ce n'est qu'une cave.

Calys

Monsieur a bien le droit d'avoir son opinion. Il a du goût contrairement à toi.

Matthieu

Elle est moisie ta baraque !

Calys

Tu peux te gratter pour la coloc.

Matthieu

Tu n'as pas parole plus rassurante je n'aurais pas pu te supporter !

Calys

Elle est belle Gaïa…

Matthieu

Ne recommence surtout pas !

Calys, *en faisant de langoureux gestes.*

J'aimerais pouvoir caresser inlassablement ses seins, son ventre, son dos, ses reins. Tout ce qu'elle touche et foule est si doux. Je meurs d'envie de l'embrasser langoureusement, de chérir son corps si beau. Je veux mordre ses lèvres, goûter sa cyprine ; que ses manières et son plaisir soient un cocktail à la saveur addictive.

Matthieu

Notre invité provoque la trêve, mais n'obère en rien la violence et les cruels desseins que je souhaite exécuter sur toi !

Le hussard, *d'un ton gêné.*

Pourrais-je utiliser vos toilettes ?

Calys

Prenez l'escalier vous arriverez dans un corridor, c'est la deuxième porte à droite.

Le hussard se lève.

Le hussard

Merci.

Il s'en va. L'homme à peine parti, Matthieu se tournent vers Calys.

Matthieu

À quoi tu joues ?

Calys

As-tu vu ses phalanges ?

Matthieu

Les phalanges de Camille ?

Calys

Qui d'autre couillon.

Matthieu

Là n'est pas le sujet, comment as-tu pu parler de Gaïa comme tu l'as fait ?

Calys se lève et se dirige vers Matthieu qui se lève également.

Calys

Je ne souhaite rien de tout ce que je t'ai dit. Je voulais seulement induire le malaise pour que le hussard se taille.

Matthieu

D'accord, je préfère ça. Qu'ont-elles ces phalanges ?

Calys

Elles sont tachées de sang.

Matthieu

De sang !

Calys

Du sang sec, Matthieu, du sang sec !

Matthieu

Sur qui sommes-nous tombés ?

Calys

C'est bien ce que je me demande.

Matthieu

Es-tu sûr de ce que tu avances ?

Calys

Tu pourras vérifier par toi-même.

Matthieu

C'est peut-être un tueur en cavale.

Calys

Peut-être, j'en suis sûr ! On ne s'égare pas à cinquante kilomètres de chez soi à part si on est une gonzesse.

Matthieu

Je t'en prie ne soit pas médisant envers la gente féminine.

Calys

Pardon, c'est sorti tout seul.

Matthieu

Que peut-on faire ?

Calys

Il doit sûrement être imprévisible. Restons calme et serein ne lui montrons pas notre méfiance.

Matthieu

On peut aller chercher un fusil par courtoisie, c'est de coutume.

Calys

Coutume d'un pays barbare. Ne sois pas bête !

Matthieu

Ne crachons pas sur les précautions.

Calys

La présomption d'innocence, tu connais ?

Matthieu

D'accord, mais restons sur nos gardes.

> *Les deux amis se taisent et se mettent à attendre quelques minutes.*

Calys

Il en met du temps aux toilettes.

Matthieu

Il doit manigancer quelque chose...

Calys

Oui !

Matthieu

Il a peut-être la coulante, une constipation. Ou peut-être joue t-il aux mots croisés. Tu sais, je ne sors pas avant quarante-cinq minutes des toilettes.

Calys

Que fais-tu pendant tout ce temps ?

Matthieu

Je lis, peut-être fait-il de même.

Calys

Décapsule-lui sa bière ne le contrarions pas.

Matthieu

Tu as raison, il faut qu'il soit à l'aise.

Calys

Pas trop à l'aise non plus...

Matthieu décapsule la bière du hussard.

Camille, vous allez-bien ?

Le hussard, *de l'intérieur de la maison.*

Au poil !

Matthieu

Tant mieux... On commençait à s'inquiéter.

Calys

On ne boit plus Matthieu, il faut qu'on retrouve un minimum de lucidité !

Matthieu

Oui, faisons cela. D'ailleurs, ton histoire de me faire payer l'alcool que tu m'as fait boire n'était pas sérieuse ?

Les deux amis se retrouvent debout de chaque côté de l'escalier.

Calys

Bien sûr que non, après je t'avoue que j'aimerais bien que tu m'invites de temps en temps, que cela n'aille pas que dans un sens.

Matthieu

Oui, je suis d'accord, mais je suis fauché. Quand j'aurais de l'argent je te promets de te torcher à hauteur de cinq cent euros.

Calys

Merci de me payer un coma éthylique. Je serais raisonnable, cinquante euros me suffiront. Bon après, je veux que cela vienne du cœur.

Matthieu

Ne sois pas idiot, je serais enchanté de pouvoir t'inviter.

Calys

Et moi donc !

Au même moment le hussard descend l'escalier en fermant sa braguette et s'arrête un instant.

Le hussard

Vous connaissez le modulor ?

Matthieu

Je n'entends rien à cela et toi Calys ?

Calys

Moi non plus.

Le hussard

Modulor est un mot-valise. Composé du mot module et nombre d'or. C'est une notion architecturale inventée par le Corbusier en 1945. Elle devait permettre à l'architecte d'adapter l'espace à l'Homme, de trouver les bonnes proportions pour que le confort de celui-ci soit assuré dans une architecture.

Il se tait un instant, puis reprend.

Le nombre d'or est un concept simple, primitif, qui se retrouve quasiment partout autour de nous. Le nombre d'or c'est une proportion divine, un rapport entre deux grandeurs homogènes qui régit son harmonie. Ce nombre, on l'appelle par une myriade d'appellations divines. Il a été utilisé à la fois par des peintres et des poètes. Il est fascinant. Tout ça pour dire que l'escalier de votre cave n'est pas commode pour un homme de grande taille.

Calys

Oui, une erreur de construction... Ça a son charme.

Le hussard

Je peux vous l'accorder.

Il finit de descendre l'escalier et se retrouve entre les deux hommes.

Vous arrive t-il de parier à l'hippodrome ?

Matthieu

Je ne sais pas Calys, mais moi cela m'arrive !

Le hussard

J'ai un numéro, une jument, un trésor de l'hérédité, ces géniteurs sont deux champions. Autant dire que les proportions de son corps sont comme calculées par une équation miracle. En parfaite adéquation avec le nombre d'or. Un véritable bolide.

Matthieu

La cote ?

Le hussard

Sept contre un.

Matthieu

Course de plat ?

Le hussard

Oui.

Matthieu

Vous m'intéressez ! La bête ?

Le hussard

East Silver !

Matthieu se rapproche doucement de Calys.

Matthieu

Calys, peux-tu me faire un prêt de cinq cent euros ?

Calys

Toutes mes économies !?

Matthieu

Fait moi confiance. Camille je parie cinq cent euros demain, nous ferons cinquante cinquante sur les gains !

Calys fait un bond sur lui-même, Matthieu le regarde, puis hausse les épaules en souriant.

Le hussard

Merci beaucoup, mais laissez-moi refuser. Disons que ce tuyau est un cadeau pour votre hospitalité.

Matthieu

Calys, demain nous allons à l'hippodrome !

Calys

Non, je refuse de jouer toutes mes économies !

Matthieu

Mais enfin, aies un peu de plomb dans l'aile.

Calys

Parie avec tes branches de poil, je ne te donnerais pas d'argent pour cette saloperie !

Ils s'assoient tous les trois autour de la table.

Matthieu

D'accord...

Il se tait, puis se tourne vers le hussard.

Écoutez cela Camille, savez-vous ce que nous souhaiterions faire de ce lieu ?

Le hussard

Je ne sais pas...

Matthieu

Devinez !

Le hussard

Allez, dissipez donc ce mystère !

Calys

Un bar mon ami, un bar.

Le hussard

Chic idée, c'est vrai qu'il y a de la place !

Matthieu

Imaginez un instant.

Le hussard, *en fermant les yeux.*

Cela serait formidable...

Calys

Une merveille !

Le hussard

Un tripot ? Pourquoi ne feriez-vous pas un tripot ?

Calys

Mon bon monsieur que vous êtes intelligent ! J'ai proposé cela à mon ami, mais il n'a pas voulu m'écouter.

Matthieu

Un tripot, c'est un repère à bandit ! Je veux seulement que cet endroit soit fréquentable, et fréquenté par autre chose que des crapules.

Le hussard

Vous vous feriez beaucoup d'argent.

Matthieu

L'argent n'est pas ma valeur.

Le hussard, *en souriant.*

Vous étiez pourtant prêt à parier les cinq cent euros de votre ami sur un cheval. Vous vous contredisez.

Matthieu

Le jeu fait parti de mes péchés. Même si je ne crois pas à ces « religieuseries ».

Le hussard

Vous irez en enfer !

Matthieu

Je commence à me faire à l'idée. Si Satan est un grand seigneur qu'ils me restitue l'intégralité de mes mises en enfer.

Le hussard

Satan ne fait pas dans la charité.

Matthieu

Laissez-moi rêver...

Le hussard

Cauchemarder mon brave, cauchemarder...

Matthieu

Cela ne doit pas être si terrible. Vous y croyez vous au paradis, à l'enfer ?

Le hussard

Je suis baptisé, mais je ne crois pas au Seigneur. S'il existe qu'il me pardonne mon ignorance. Disons que je crois que rien n'arrive par hasard.

Calys

Êtes-vous superstitieux ?

Le hussard

Un tantinet.

Calys

Je comprends, tous les Hommes le sont un peu. J'ai beau être pragmatique certaines choses échappent à mon entendement.

Le hussard

Nous devrions ne pas négliger le divin même si nous n'y croyons guère. Il serait bête qu'on nous admoneste une vie entière d'hérésie et que cela nous ferme la porte d'un paradis.

Matthieu

Que préconisez-vous donc ? Faut-il éviter tous les blasphèmes ?

Le hussard

Je n'en sais rien. Croire est un pari, nous avons parié que Dieu n'existait pas, il faut être prêt à ce que cela nous soit reproché.

Calys

Vous êtes bien sage. Quel âge avez-vous ? Un homme comme vous doit être instruit par l'expérience.

Le hussard

J'ai quarante quatre ans. L'expérience n'a rien à voir là dedans. Il est seulement question de sensibilité. Avez-vous déjà pleuré devant un film ?

Calys

Oui.

Matthieu

Ah bon ?

Calys

Oui...

Matthieu

Ce n'est pas une honte, cela m'est également arrivé.

Le hussard

Vous êtes sensible, c'est bien ! Les hommes insensibles sont bien terrifiants. Ne vous inquiétez-pas, on ne remettra pas en compte votre virilité pour ça.

Matthieu

Vous peut-être, mais la société n'est pas à votre image.

Le hussard

La virilité est un concept bien étrange, du même acabit que ces femmes qui dénoncent leur agresseur sur les réseaux sociaux. À la base cela se défend, mais de là à ce que cela se transforme en tribunal populaire. Le visage de la noblesse n'a pas les joues creusées du despotisme. L'Homme a un talent fou pour pervertir les choses.

Matthieu

Vous fumez ?

Le hussard

Je fumerais bien une clope.

> *Matthieu lui tend une cigarette et s'en prend une également qu'il allume.*

Le hussard

Merci. Et vous les jeunes que faites-vous dans la vie ?

> *Matthieu lui tend le briquet, puis le hussard allume sa cigarette.*

Matthieu

Honnêtement, on se branle.

Calys

Je n'aurais pas dit mieux.

Le hussard

Profitez de la jeunesse les gars.

Matthieu

Nous n'avons pas de suite dans les idées.

Le hussard

Vous disposez bien de quelques ressources tout de même ! Ne soyez pas désabusés maintenant, vous allez être des petits vieux aigris.

Calys

On se laisse aller, on magouille.

Le hussard

Ce n'est pas une vie. Êtes-vous optimistes ?

Matthieu

Oui, nous le sommes.

Le hussard

Vous êtes pourvus d'un tempérament bien précieux. Maintenant, êtes-vous confiants ?

Calys

Oui, il me semble, Matthieu ?

Matthieu

Je le suis... Et toi Calys ?

Calys

Oui.

Le hussard

Vous pouvez-donc accomplir vos plus nobles desseins. La persévérance et la patience sont les qualités que vous devez également avoir. Vous savez tout n'arrivera pas tout cuit dans votre bec de petits branleurs.

Matthieu

Merci pour ces précieux conseils Camille.

Le hussard

Quand j'étais jeune je volais du tabac à chiquer au petit buraliste à côté de chez moi. Je revendais le tout à bicyclette dans les petits hameaux de montagne. Savez-vous ce que j'ai pu m'offrir avec mes économies ?

Calys

Je n'en ai aucune idée.

Matthieu

Moi non plus.

Le hussard

Une mobylette !

Matthieu

La morale de cette histoire : Arrêtez d'être des branleurs, devenez des voleurs. Ça sonne bien.

Le hussard

Loin de moi l'envie de vous inciter à voler. Je parle seulement de valeurs : persévérance, patience, confiance et optimisme.

Calys

Vous auriez pu choisir un exemple plus sage pour le coup.

Le hussard fouille dans sa poche et en sort une liasse de billets.

Le hussard

Tenez, deux cent euros chacun.

Matthieu

Je refuse... Pourquoi nous donner de l'argent ?

Le hussard

L'argent a la valeur que notre cœur lui accorde. Acceptez cet argent, je n'en ai point besoin.

Calys

Merci...

Calys et Matthieu regardent cet argent avec les yeux écarquillés pendant quelques instants.

Matthieu

Votre déguisement est sacrément bien fait. Votre soirée déguisée était-ce l'anniversaire d'un ami ?

Le hussard

Si seulement... À vrai dire, c'était une levée de fonds pour les femmes condamnées pour avortement ou fausse couche au San Salvador. La cause est admirable, mais tous les bourgeois y sont allés pour se faire voir.

Calys

Pour côtoyer de telles personnes, êtes vous vous même riche ?

Le hussard

Détrompez-vous, je ne suis que l'employé d'une agence événementielle. Je faisais parti du spectacle. Au fait, votre bière est très bonne, je n'ai rien bu de tel depuis longtemps...

Calys

Merci beaucoup.

Le hussard

Elle a une très jolie robe. Vous êtes talentueux !

Calys

Camille arrêtez de me flatter !

Le hussard

Quelle heure est-il ?

Matthieu, *jetant un coup d'œil à sa montre.*

5h du matin.

Le hussard

Merci.

Le hussard se jette brusquement sur Calys la tête en avant, les lèvres en cul de poule, et lui donne un baiser.

Calys

Que faites-vous ?

Le hussard

Vous avez les lèvres charnues. Je voulais vous embrasser. Il fallait...

Calys

Vous êtes étrange...

Matthieu pendant ce temps reste bouche bée.

Le hussard

Vos lèvres sont agréables. Mon baiser était délicieux.

Calys

Je me sens violé, d'où venez vous ? Qui êtes-vous bon Dieu ?

Le hussard

Il y a des désirs incontrôlables... Tenez 50 euros.

Le hussard sort de nouveau une liasse de sa poche.

Calys

Pour qui me prenez-vous ! Pour un hustler ? Un gigolo ? Je ne veux pas de votre argent ! Vous voulez m'enfiler ! Vous êtes une tarlouze ? Un violeur ?

Matthieu

Calme-toi Calys. Camille pourquoi avez-vous fait cela ?

Le hussard

Il m'a allumé.

Calys, *se lève.*

Sortez de chez-moi ! Tout de suite !

Le hussard

Je vous en prie... Un hussard qui s'en va-t-en guerre, en campagne militaire doit s'abstenir, et est à la merci de ses pulsions. Vous êtes beau garçon.

Calys

Nous ne sommes pas dans une reconstitution historique. Vous auriez pu vous masturber dans un bosquet. Épargnez-moi vos balivernes. C'est trop me faire entendre !

Le hussard

Je ne veux point vous quitter.

Matthieu

Sortez ! Dehors !

Le hussard

Je vous en prie, je vous donne 100 euros chacun...

Matthieu

Pourquoi voulez-vous absolument nous refourguer votre argent ? On en veut pas de votre saloperie !

Matthieu jette les billets que le hussard lui a donné plus tôt, Calys fait de même.

Le hussard

En vérité, j'ai l'impression de toujours vous avoir connu, mais de vous avoir négligé. Je tente ainsi de racheter mon absence et mes actes manqués en vous donnant n'importe quoi. Je veux tenir une place dans votre cœur.

Calys et Matthieu le regardent ahuris, se regardent, puis le re-regarde.

Matthieu

On ne vous connaît pas. Sortez ou j'appelle la police !

Le hussard, *en s'approchant d'eux.*

N'appelez surtout pas la police, je vous en supplie...

Matthieu

Nous approchez pas ou l'on vous tue !

Le hussard

Par pitié !

Calys

Qu'avez-vous à vous reprocher ?

Le hussard

Par pitié !

Matthieu

Restez loin de nous ou on vous fait la peau hussard de pacotille !

Le hussard, *s'avachissant par terre.*

Tuez-moi, mais n'appelez surtout pas la police.

Matthieu

Fermez-la.

Calys

Êtes-vous malade ?

Matthieu

Répondez Camille, êtes-vous malade ?

Le hussard

Je veux vous faire l'amour, vous étrangler.

Calys

Vous êtes complètement fou ma parole !

Le hussard

Faites-moi l'amour sans vergogne. Tenez 200 euros chacun.

Matthieu

D'où sortez-vous tout cet argent ? Un simple employé d'une agence événementielle ne devrait pas avoir autant de pognon.

Le hussard

Je veux disparaître, mais avant je souhaite retrouver la conscience de moi-même. Faire l'amour me fera rencontrer de nouveau cette chétive présence.

Calys

Vous êtes totalement détraqué.

Le hussard s'engouffre dans l'escalier.

Matthieu

Écartez-vous de l'escalier !

Le hussard, *descendant quelques marches.*

Je ne bougerais pas.

Calys

Sors de là tout de suite !

Matthieu

Raclure !

Calys

Enfoiré !

Matthieu

Ordure !

Calys

Enculé !

Le hussard

Arrêtez !

Il descend l'escalier puis s'assoit sur une chaise, Calys et Matthieu blottis l'un contre l'autre dans un coin de la cave le regardent.

Matthieu, *se détachant de Calys.*

Vous savez-quoi, on vous a tout de suite trouvé louche.

Calys

Les taches de sang sur vos phalanges d'où viennent-elles ?

Matthieu

Ça m'étonnerait que cela soit le sang d'un soldat russe.

Le hussard

Elle est allée trop loin cette fois...

Calys

Elle ?

Matthieu

Qui était-ce ?

Le hussard

Il fallait qu'elle se taise, qu'elle cesse !

Calys

Vous êtes un meurtrier ?

Le hussard

Qu'ai-je fait ?

Matthieu

C'est bien ce qu'on se demande. N'essayez pas de nous piquer notre rôle.

Le hussard

Elle urinait sur moi.

Calys

Il est complètement fou ma parole !

Matthieu

Combien de personnes avez-vous tué ?

Le hussard

Le fer à repasser brûlant sur mon torse.

Calys

Répondez-nous !

Matthieu

Viens-là, tu vas cracher le morceau !

Il s'approche du hussard en le menaçant.

Le hussard

Frappez-moi j'ai l'habitude. Je le mérite, je le mérite sûrement.

Calys

Nous n'allons pas vous frapper.

Matthieu

Calys.

Calys

Non, Matthieu, non.

Matthieu

D'accord.

Il retrouve son calme et se tait un instant.

Que vous est-il arrivé ?

Calys

Pourquoi avez-vous quitté la soirée déguisée ?

Matthieu

Vous êtes-vous égaré délibérément dans la forêt ?

Le hussard

Je vais tout vous expliquer. Ne m'interrompez-pas.

Matthieu

Très bien, on vous écoute.

Le hussard

Pourrais-je avoir une clope ?

Calys, *lui tendant le paquet.*

Tenez.

Le hussard

Merci

Il allume sa cigarette.

Par où commencer ?

Matthieu

Commencez par nous raconter votre soirée et la manière dont vous l'avez quittée.

Le hussard

D'accord.

Un temps.

Comme vous le savez je travaille dans une agence événementielle. J'y travaille depuis maintenant deux ans. L'agence a organisé la levée de fonds mondaine pour les femmes du San Salvador comme je vous l'ai dit plus tôt. Le thème de la soirée était le premier empire. Je peux vous dire qu'il en fallait du fric pour payer les costumes et les figurants. Les personnes participant à cet événement étaient triées sur le volet. Dans le lot, il y avait de riches propriétaires de domaines viticoles, des héritiers, des députés et pleins de personnes importantes, Kraün par exemple.

Calys, en riant.

Kraün ! C'est un vieil ami à nous. Mais continuez, continuez...

Le hussard

La soirée a commencé aux environs de 20 heures. Dans l'agence je travaille en tant que figurant, on m'a donc déguisé en hussard du premier empire pour l'occasion. La soirée s'est déroulée dans le calme, tout le monde allait de son petit discours. Fallait voir comment ils étaient fringués... En grande pompe ! Des costumes qui ont dû coûter des milliers et des milliers d'euros. Je m'occupais également du service, je ravitaillais le buffet. Les riches sont de véritables goinfres. Alors plusieurs fois par heure je devais rajouter amuses gueules et entrées.

Matthieu

Ensuite ?

Le hussard

J'y viens, j'y viens. À 23h la soirée s'est terminée. Ma femme...

Il se met à chanceler.

Ma femme m'a harcelé d'appels incessants. Je devais rentrer chez moi au plus vite, sinon elle allait me passer un savon m'a t-elle dit.

Calys

Quelle drôle de bonne femme.

Le hussard, *en tremblant.*

J'ai donc pris ma voiture, en m'empressant de rentrer chez moi.

Matthieu

Vous aviez donc une voiture, vous n'êtes pas rentré chez vous à pied. Vous avez menti.

Le hussard

J'ai menti, car la vérité est affreuse.

Calys

Continuez, on vous écoute.

Le hussard

J'ai pris ma voiture. Je roulais à une vitesse excessive, j'ai manqué plusieurs fois d'avoir un accident. Trente kilomètres me séparaient du domaine de Veuley-Marignac où s'était déroulé l'événement à chez moi. Ma femme m'envoyait des messages de plus en plus menaçants. Je roulais à une allure inconsciente, les pneus crissaient dans les virages.

Matthieu

Vous avez eu un accident ?

Le hussard

C'est le moindre des mal qui aurait pu m'arriver.

Calys

Que vous est-il donc arrivé de si grave ?

Le hussard, *les sanglots dans la voix.*

En arrivant chez moi, j'ai garé ma voiture en vrac devant mon garage. Je me suis précipité à ma porte d'entrée. Ma femme a ouvert la porte, elle devait avoir entendu le bruit des pneus sur les graviers. Elle m'a frappé au visage avec un vase en porcelaine, m'a prise par le col et m'a jeté au sol. J'y tenais à ce vase, je l'avais hérité de mes grands parents.

Un temps.

J'étais sonné, ma femme m'a ensuite craché dessus et elle gueulait ! Elle a pris mes couilles à travers mon pantalon et les a tiré. Elle m'a frappé au sol m'a dit de ne pas me relever, et de marcher à quatre pattes jusqu'au salon.

Matthieu

Pourquoi n'avait vous pas frappé cette pouffiasse ?

Le hussard

J'en étais incapable.

Il se tait un instant.

Je me suis mis à marcher à quatre pattes jusqu'au salon. Il y avait de l'urine partout sur le sol, mes mains glissaient dans l'urine. Et à chaque fois que je me vautrais dans la pisse, ma femme m'assénait un coup de poing.

Calys

Mais qu'est-ce que c'est que cette catharsis à deux francs six sous ?

Matthieu

Laisse le finir Calys.

Le hussard

Je ne vous dis que l'entière vérité. Je me suis traîné dans le corridor qui allait jusqu'au salon. Je pleurais, je priais pour ne pas voir ma fille dans le salon, sachant que je ne saurais dans quel état j'allais la retrouver. Les lattes de parquets grinçaient, mais je rampais, je rampais... En arrivant dans le salon, mon enfant...

Il se mit à pleurer à chaudes larmes.

Mon enfant gisait là, inconsciente dans une marre d'urine.

Il sanglote.

Ma fille était morte, là en face de moi, je n'osais y croire. Sa mère ! Ma femme l'a battue à mort ! Ma fille avait six ans. Ma femme n'a pas arrêté de me dire qu'elle était morte par ma faute. Ma femme n'a pas arrêté de me dire que ma fille était une petite salope qui n'arrêtait pas de gueuler !

Matthieu

Comment pouvez-vous encore appeler cela une femme ? C'est un monstre.

Le hussard

J'étais amoureux de ma femme. Je me suis jeté à son cou, mais celle-ci m'a frappé à coup de fer à repasser brûlant. Elle l'avait laissé branché. J'ai hurlé de douleur ! Je me suis ensuite réfugié dans la cuisine. Elle hurlait de rage et s'est précipité dans la cuisine pour me cogner. J'ai saisi un couteau et lui ai enfoncé dans la poitrine. Elle était morte, j'étais anéanti. Je ne pouvais pas rester chez moi.

Un temps.

Je me suis donc changé. L'agence nous avez donné deux costumes au cas où nous nous tachions, ou en abîmions un. Je me suis de nouveau déguisé en hussard. Cette soirée ne devait pas finir ainsi, il fallait duper le Ciel d'un costume immaculé ! Je me suis lavé les mains, mais le sang ne partait pas. J'avais beau les laver plusieurs fois, le sang ne s'enlevait pas. Comme si je devais garder le seing de mon acte, le sang sec de la duègne immatriculé sur mes mains. J'ai si honte !

Calys

Vous ne devez pas avoir honte, vous avez fait ce qui vous semblait juste.

Le hussard

Je me suis enfui de ma propre maison. J'étais le fugitif dont la cavale effrayait la lune. J'ai couru à en perdre haleine, en haletant, en titubant. J'ai entendu des cris à travers la forêt. Je me suis approché, j'ai allumé ma lumière et en m'approchant, j'ai entendu ce qui semblait être une dispute.

Matthieu

Ça l'était.

Le hussard

Lorsque je vous ai rencontré. Je me suis dit qu'il fallait que je paraisse normal. J'ai donc inventé toute une histoire.

Calys

Vous avez vécu un véritable calvaire Camille. Depuis combien de temps votre femme vous battait, vous et votre fille ?

Le hussard

Cela faisait quasiment huit ans...

Matthieu

Je ne comprends pas pourquoi vous êtes resté si longtemps avec cette mégère.

Calys

Il fallait la dresser votre bonne femme.

Le hussard

Je l'aimais de tout mon cœur. Je ne la tenais pas pour responsable de ses excès de colère. La plupart du temps je me considérais comme le fautif.

D'un ton calme.

Calys, je vous interdis de dire qu'il fallait la dresser. Ma femme n'était pas un animal...

Calys

C'était une hystérique ! Vous vous rendez-compte de ce qu'elle vous a fait subir vous et votre fille, pendant tout ce temps !

Le hussard

Je sais bien, mais que voulez-vous...

Matthieu

Comment votre fille s'appelait t-elle ?

Le hussard

Elle s'appelait Anaëlle.

Matthieu

Votre fille ne mérite t-elle pas une sépulture digne d'elle ? Sa vie n'était pas à la hauteur de sa pureté et de son innocence, que sa mort lui rende au moins justice.

Le hussard

Elle est restée à la maison.

Matthieu

Pardonnez-moi, mais vous avez été lâche. Donnez-moi la clef de votre maison. Je vais aller la récupérer aujourd'hui et l'enterrer dans la forêt. Elle y sera en paix, je vous le promets.

Calys

Par quelle licence es-tu disposé à faire cela ?

Matthieu

Celle de mon cœur.

Le hussard

Laissez-moi faire cela pour ma fille. Je veux lui offrir la paix là où j'ai échoué plus tôt.

Matthieu

Cela est légitime...

Calys

Vous êtes resté sept ans avec un tyran. Il y a longtemps que je l'aurais buté cette connasse.

Un temps.

Matthieu

Comment vous êtes-vous rencontré avec votre femme ?

Le hussard

Je n'ai jamais eu de femme, je n'ai plus de fille, je n'ai jamais eu de fille.

Le hussard commence à se déshabiller. Matthieu et Calys ne comprennent pas ce qu'il se passe.

Matthieu

Gaïa ?

Un temps.

Était-ce un rêve ?

Silence.

Je suis tellement confus, jamais un rêve ne m'a autant

bouleversé que celui que je viens de faire. Maintenant éveillé, j'abandonne ces personnages licencieux, qui m'ont vu naître dans leur monde quelques instants et les laisse mourir en mon sein. Peut-être que cette folle soirée, cette folle histoire arrivera à sa fin, mais sans en être témoin je ne pourrais accoucher d'elle consciemment. Elle se calcifiera et restera à jamais en moi tel un lithopédion. Mon cerveau jouira de ces enseignements sans en connaître l'auteur. Enfin, est-ce que tout cela m'a réellement enseigné quelque chose ?

Calys

Mais que ? C'est quoi ce bordel ? On est au spectacle ?

Le hussard continue de se déshabiller.

Matthieu

Je sais désormais où se sont rencontrés Camille le hussard et sa femme. Ils se sont rencontrés à un carrefour, à un croisement ou dans un lieu exigu entre mes synapses, dans l'alcôve adoré de mes rêves et cauchemars. On dit souvent que les rêves ont une signification, j'aimerais bien connaître l'explication de celui-ci...

Calys

J'hallucine ! Gaïa que fous-tu ici ? Pourquoi cet accoutrement ?

Matthieu

Je sais à présent que mon inconscient a un insatiable appétit et se régale de mes pertes de repères. Je suppose qu'il traduit dans mes rêves, désirs, aspirations et passions qui me rongent à mon insu. Des démons et des symptômes qui ne porteraient pas mon nom, ma silhouette et mon ombre si j'en avais la conscience. Ce sont des démons qui empruntent ma bouche et mes gestes, utilisent mes lèvres et usent de mon langage. Des démons qui ne se verraient pas ostracisés même avec le vote des instances de ma conscience, car un homme ne peut se soustraire à ses penchants...

Calys

Réponds-moi bon sang ! As-tu réellement fait le trottoir ? Qu'est-ce que Paul a bien pu te faire ? Pourquoi cette histoire de hussard ? Je veux des réponses Gaïa !

Matthieu

Je pourrais devenir fou ! Même si ma tête se brisait d'un repli farouche sur elle-même, je suis prêt à parier que ces démons me survivraient au même titre que mon souvenir. Mon cœur, cette place en ma poitrine garante de mon intégrité, ne pourrait m'immuniser, me sevrer des dépenses de la perversion. Ces penchants, ces démons comme je ne cesse de le dire, nous trahissent, brisent transports louables et aveux même si ceux-ci consentent à sortir de notre bouche d'une innocence immaculée.

Calys

Es-tu libre ? Je ne comprends rien ! Gaïa, nous te croyions perdue... Où vis-tu ? Es-tu heureuse ? Les rumeurs sont-elles vraies ?

Matthieu

Il ne faut pas se faire dominer par sa violence et sa libido ! Ces ministres de nos pulsions peuvent s'avérer être oblatifs envers nos propres intérêts et sentiments. Maintenant, si cette tirade avait été retranscrite sur papier, virgules et point de mes phrases auraient été volets et murs de la maison pourfendue de mon esprit.

Je n'ai plus rien à dire, plus rien est à moi, car peut-être ai-je une parole libidineuse qui abrutit plus qu'elle ne fertilise les esprits. La mort est érotique et est une chance, ce qui meurt n'a pas plus belle destinée ; un instant est un sourire dont l'éternité comme un caprice ne pourra jamais jouir.

Le hussard, Gaïa, finit de se déshabiller. C'est une belle jeune femme.

Calys

Pourquoi avoir inventé toute cette histoire ? Gaïa...

Gaïa

Tout cela n'a plus d'importance, ça n'en a jamais eu... J'ai renoncé à mon nom, ma dignité, j'ai endossé un rôle pour me dérober à mon quotidien, mais à présent je suis libre.

Un temps. Esquissant un petit sourire.

Je vous ai bien eu en tout cas !

Elle s'en va.

Matthieu

Gaïa !

Il se précipite pour la retenir, mais Calys l'en empêche en lui assénant un violent coup au visage. Matthieu s'écroule inconscient. Calys s'assoit, remplit son verre ainsi que celui de Matthieu.

Rideau.

© 2020, Rosanaque, Mathias
Edition : Books on Demand,
12/14 rond-Point des Champs-Elysées, 75008 Paris
Impression : BoD - Books on Demand, Norderstedt, Allemagne
ISBN : 9782322221929
Dépôt légal : mai 2020